KB048732

明心寶鑑

李青林 옮김

● 부록/千字文
주요 漢字의 略字·俗字
儀式節次에 관한 상식

太乙出版社

明心寶鑑
명 심 보 감

李青林 옮

太乙出版社

명심보감을 펴내면서

명심보감(明心寶鑑)은 고려 충열왕(忠烈王) 때 문신(文臣)이었던 추적(秋適)이 저술(著述)한 책이다.

원래는 계선편(繼善篇), 천명편(天命篇)등 19편으로 되어 있었으나 근래에 와서 증보편(增補篇), 팔반가 팔수(八反歌八首), 효행편(孝行篇) 속편, 염의편(廉義篇), 권학편(勸學篇) 등 5편을 증보(增補)하여 그 내용을 보강(補強)함으로써 지금과 같은 24편으로 완성(完成)된 것이다.

하늘은 원래부터 사람에게 선(善)을 행할 수 있는 아름다운 마음(美德)을 주었다. 착한 사람에게는 복을 내려주고 악한 사람에게는 재앙으로써 다스려 벌을 주는 것이 곧 하늘의 섭리인 것이다. 그러나 사람들은 흔히 이러한 하늘의 뜻을 무시하고 저마다의 헛된 욕심에만 눈이 어두워 착한 일보다는 악한 일에 더 많은 관심을 쏟는다.

올바른 마음가짐을 저버릴 때, 그 사람의 지성은 선(善)을 행할 수가 없다. 올바른 마음을 갖는 것은 다름 아닌 자기 수양이다. 먼저 자기 자신을 닦은 연후에 다른 사람의 허물을 가르쳐야 한다.

자기 자신은 말 뿐이면서 남에게는 실천을 강요

하는 행위는 결코 바람직한 군자(君子)의 도리(道理)가 아니다.

우리는 먼저 스스로 자신의 몸과 마음을 닦아 남의 모범을 보이지 않으면 안된다. 그것이 바로 질서이다. 질서가 없으면 상하(上下)가 흐려지게 되고, 상하의 계율이 무너지면 '사람다움'이 사라진다. 사람다움이 없는데 어떻게 선(善)이 싹틀 수 있겠는가?

명심보감은 바로 이러한 '사람답게 사는 길'을 제시해 주고 있는 영원한 인생의 스승이다.

돈이나 재물보다도, 권력과 명성보다도 더 값지고 고귀한 것은 무엇인가?

명심보감은 바로 이러한 '사람으로서 가질 수있는 가장 고귀한 것'이 무엇인가를 가르쳐 준다.

'사람다움'을 찾아보기 힘든 혼탁한 시대에 살고있는 이 땅의 모든 지성인들에게 진실로 일독(一讀)을 권하고 싶은 '참 삶의 바이블'이다.

누구나 한 번씩 다 읽고, 여기에 설파된 가르침을 저마다 마음에 새겨 올바른 삶을 이끌어갈 수 있기를 빈다.

옮긴이 씀.

명심보감 차례

繼善篇
계 선 편

♧ 하늘은 사람에게 선(善)을 행할 수 있는 아름다운 마음(美德)을 주었다. 착한 사람에게는 복을 내려주고 악한 사람에게는 재앙을 내려 벌을 주는 것이 곧 하늘의 섭리이다. 그러므로 우리는 항상 선을 행함으로써 스스로 마음을 즐겁게 하고 주어진 삶을 복되게 가꾸어야 할 것이다.

子-曰爲善者는 **天報之以福**
자　왈위선자　천보지이복

하고 **爲不善者**는 **天報之以禍**니라
위불선자　천보지이화

【풀이】 공자(孔子)가 말하기를, 「착한 일을 하는 사람에게는 하늘이 복(福)으로써 이에 보답하고, 악한 일을 하는 사람에게는 하늘이 재앙으로써 이에 보답한다.」

주 •공자(孔子) ⇨기원전 552년에 노나라(魯國)의 창평향(昌平鄕)에서 태어나 춘추시대 말기인 기원전 479년에 세상을 떠났다. 이름은 구(丘)요, 자(字)는 중니(仲尼)다. 인(仁)을 근본으로 하는 윤리도덕을 설파하여 사람이 걸어가야 할 길을 밝힘으로써 성인(聖人)으로 일컬어지게 되었다. 공자는 어지러운 사회 속에서 허덕이는 백성들을 구하고 사회의 질서를 바로잡으며 이상적인 통일중국을 건설하기 위하여 천하의 여러 제후들을 차례로 방문하고 왕도정치(王道政治)를 부르짖었다. 그러나 이에 호응하는 제후가 적어 뜻을 이루지 못하고 다시 노나라로 돌아와 후진교육에 힘쓰며 시(詩), 서(書), 역(易)의 정리와 춘추(春秋)의 저작(著作) 등에 몰입하였다.

漢昭烈이 將終에 勅後主曰勿
한 소 열 장 종 칙 후 주 왈 물

以善小而不爲하고 勿以惡小
이 선 소 이 불 위 물 이 악 소

而爲之하라
이 위 지

【풀이】 한(漢)나라의 소열황제(昭烈皇帝)가 죽을 때에 후주에게 조칙을 내려서 이르기를, 「선(善)이 작다고 하여 이를 하지 않아서는 안되며, 악이 작다고 하여 이를 해서는 안된다.」

주 • 한소열(漢昭烈)⇨촉한(蜀漢)의 소열황제(昭烈皇帝)를 말한다. 성(姓)은 유(劉)요, 이름은 비(備)로, 어진 신하 제갈량(諸葛亮)의 보필로 촉한을 세우고 삼국(三國)의 주역이 되었다. • 후주(後主)⇨ 소열황제의 아들이다. 이름을 선(禪)이라고 하였으며, 어리석은 임금으로 유명하였다. 제갈량이 죽은 뒤에 위(魏)나라에 항복하였다.

莊子-曰一日不念善이면 **諸惡**이 **皆自起**니라
장자 왈일일불념선 제악 개자기

【풀이】 장자가 말하기를, 「하루라도 선을 생각하지 않으면 모든 악이 모두 저절로 일어난다.」

주 • 장자(莊子)⇨이름은 주(周) 이다. 전국시대(戰國時代) 송(宋) 나라 사람으로, 노자(老子)의 무위자연설(無爲自然說)을 크게 발전시켜서 노장사상(老莊思想)을 이룩하였다. 저서(著書)로는 남화경(南華經)이 있으며, 그 아내가 죽었을 때 동이를 두드리며 노래를 했다. 아내의 죽음을 슬퍼하는 것을 고분지통(叩盆之痛)으로 표현하게 된것도 여기에서 비롯된 것이다. • 제악(諸惡)⇨모든 악(惡)을 뜻한다.

太公이 **曰見善如渴**하고 **聞惡如聾**하라 **又曰善事**란 **須貪**하고 **惡事**란 **莫樂**하라
태공 왈견선여갈 문악여롱 우왈선사 수탐 악사 막락

【풀이】 태공이 말하기를, 「착한 일을 보거든 목마른때 물 본듯이 망설이지 말며 악한 것을 듣거든 귀머거리 같이

하라. 그리고 착한 일이란 모름지기 탐내야 하며 악한 일이란 즐겨하지 말라.」

주 • 태공(太公)⇨본명(本名)은 여상(呂尙)이다. 여망(呂望)이라고도 불리워진다. 주(周)나라 초기의 현자(賢者)다. 위수(謂水)가에서 낚시질을 하다가 문왕(文王)에게 발탁 되었으며 문왕이 죽은 뒤에는 그의 아들 무왕을 도와 은(殷)의 폭군(暴君)인 주(紂)를 멸하고 주왕조(周王朝)를 창건(創建)하였다. •여갈(如渴)⇨목마른 것 같이 한다. 여기에서는 목마를때 물본 것 같이 급하게 서두른다는 뜻으로 풀이하는 것이 적절함.

馬援이 曰終身行善이라도 善猶不足이요 一日行惡이라도 惡自有餘니라
(마원 왈종신행선 선유부족 일일행악 악자유여)

【풀이】 마원이 말하기를, 「한평생 동안 선을 행하여도 선은 오히려 부족하고 단 하루동안 악을 행하여도 악은 스스로 남음이 있다.」

주 •마원(馬援)⇨BC 11~AD 49 후한(後漢)의 장군. 남방 교지(南方交趾)의 반란 평정및 흉노(匈奴)토벌 등 많은 무공(武功)을 세웠다. •종신(終身)⇨몸이 죽을 때까지. •행선(行善)⇨선을 행한다. •유(猶)⇨오히려. •유여(有餘)⇨남음이 있다.

司馬溫公이 曰積金以遺子
(사마온공 왈적금이유자)

孫이라도 未必子孫이 能盡守요 積
손 미필자손 능진수 적

書以遺子孫이라도 未必子孫이
서이유자손 미필자손

能盡讀이니 不如積陰德於冥
능진독 불여적음덕어명

冥之中하야 以爲子孫之計也니라
명지중 이위자손지계야

【풀이】 사마온 공이 말하되, 「돈을 모아서 자손에게 남겨 준다 하더라도 자손이 반드시 다 지킨다고 볼 수 없으며, 책을 모아서 자손에게 남겨 준다 하더라도 자손이 반드시 다 읽는다고는 볼 수 없다. 남모르는 가운데 보이지 않는 덕을 쌓아서 자손을 위한 계획을 삼느니만 같지 못하다.」

주 • 사마온(司馬溫) ⇨ 1019~1086. 이름은 광(光), 자(字)는 군실(君實) 호는 우부(迂夫) 또는 우수(迂叟), 시호는 문정(文正)이니 세상에서 사마온공(司馬溫公)이라고 일컬어지고 있다. 북송(北宋)의 정치가이며 학자로서 자치통감(資治通鑑)을 저술하였다. • 적금(積金) ⇨ 돈을 모은다는 뜻. • 유(遺) ⇨ 남겨 주는 것. • 능진수(能盡守) ⇨ 다 지킬 수 있다. • 음덕(陰德) ⇨ 남이 모르게 선을 행하고 덕을 쌓는 것. • 명명지중(冥冥之中) ⇨ 나타나지 않는 가운데. • 자손지계(子孫之計) ⇨ 자손을 잘 살게 하기 위한 원대(遠大)한 계획.

景行録에 曰恩義를 廣施하라 人生何處不相逢이니 讐怨을 莫結하라 路逢狹處면 難回避니라

경행록 왈은의 광시 인생하처불상봉 수원 막결 로봉협처 난회피

【풀이】 경행록에 이르기를, 「은혜와 의리를 널리 베풀어라. 살아가다 보면 어느곳에서 서로 만나지 않으랴? 원수를 갖지 말며, 원한을 맺지말라. 길좁은 곳에서 만나면 피하기 어려우니라.」

주 • 경행록(景行録)⇨송(宋)나라 때 책 이름. • 광시(廣施)⇨널리 베푼다. • 막결(莫結)⇨맺지 말라는 뜻.

莊子ㅡ曰於我善者도 我亦善之하고 於我惡者도 我亦善之니라 我旣於人에 無惡이면 人能於我에 無惡哉인저

장자 왈어아선자 아역선지 어아악자 아역선지 아기어인 무악 인능어아 무악재

【풀이】 장자가 말하기를, 「나에게 착하게 하는 자에게 나 또한 착하게 하고 나에게 악하게 하는 자에게도 역시 나 또한 착하게 하여라. 내가 이미 남에게 악하게 아니하면 남도 나에게 악하게 할 수 없을 것이니라.」

주 •어아(於我) ⇨ 나에게. •선자(善者) ⇨ 착하게 하는 자. •선지(善之) ⇨ 착하게 한다.

東岳聖帝垂訓에 曰一日行善이라도 福雖未至나 禍自遠矣오 一日行惡이라도 禍雖未至니 福自遠矣니 行善之人은 如春園之草하여 不見其長이라도 日有所增하고 行惡之人은 如磨刀之石하야 不見其損이라도 日有所虧니라

동악성제수훈 왈일일행선 복수미지 화자원의 일일행악 화수미지 복자원의 행선지인 여춘원지초 불견기장 일유소증 행악지인 여마도지석 불견기손 일유소휴

【풀이】 동악성제의 가르침에 이르기를, 「하루 착한 일을 행할지라도 복은 금방 이르지 아니하나 화(禍)는 스스로 멀어진다. 하루 악한 일을 행할지라도 화는 금방 이르지 아니하나 복은 스스로 멀어진다. 착한 일을 행하는 사람은 봄동산에 자라나는 풀과 같아서 그 자라나는 것이 보이지 않으나 날로 더하는 바가 있고, 악을 행하는 사람은 칼을 가는 숫돌과 같아서 닳아 없어지는 것이 보이지 않으나 날로 닳아 없어지는 바가 있다.」

주 • 동악성제(東岳聖帝) ⇨ 도가(道家)에 속하며 연대(年代)와 성명이 미상(未詳)임. • 수훈(垂訓) ⇨ 훈계를 내리는 것.

子曰 見善如不及하고 見不善如探湯하라
자 왈 견선여불급 견불선여탐탕

【풀이】 공자가 말하기를, 「착한 것을 보거든 아직 부족한 것과 같이 하고 악한 것을 보거든 끓는 물을 만지는것과 같이 하라.」

주 • 불선(不善) ⇨ 착하지 못한 것. • 탐탕(探湯) ⇨ 끓는 물을 손으로 만지는 것.

天命篇
천 명 편

♧ 선을 행하는 것은 곧 하늘의 명(命)을 따르는 것이며, 악을 행하는 것은 하늘의 명을 거역하는 것이다. 착한 사람에게는 복을 내리고 악한 사람에게는 재앙을 내리는 것이 하늘의 이치이다. 밝은 하늘은 항상 사람의 머리 위에서 모든 행동을 낱낱이 지켜보고 있다. 그러므로 하늘의 명을 따르지 아니하는 것이 어찌 두렵지 않으랴.

子－曰順天者는 存하고 逆天者는 亡이니라
자 왈순천자 존 역천자 망

【풀이】 공자가 말하기를, 「하늘을 순종하는 사람은 살고, 하늘을 거역하는 사람은 망한다.」

康節邵先生이 曰天聽이 寂無音하니 蒼蒼何處尋고 非高亦
강절소선생 왈천청 적무음 창창하처심 비고역

非遠이라 都只在人心이니라
비 원 도 지 재 인 심

【풀이】 강절소 선생이 말하기를, 「하늘의 들으심은 고요하여 소리하나 없으니 푸르고 푸른데 어느 곳에서 하늘의 들으심을 찾을 것인가. 높지도 않고 또한 멀지도 않다. 모든 것은 다만 사람의 마음속에 있는 것이다.」

주 • 강절소(康節邵) ⇨ 1011~1077. 송(宋) 나라 때 유학자(儒學者). 성은 소(邵)이며, 강절은 시호(詩號)이다. 이름은 옹(雍)이요,자는 요부(堯夫)이며, 이정지(李挺之)에게 도가(道家)의 「도서선천상수(圖書先天象數)」의 학(學)을 배워 신비적인 수리학설(數理學說)을 세우고 이에 의하여 우주관(宇宙觀)과 자연철학(自然哲學)을 설명하였다. • 천청(天聽) ⇨ 하늘이 듣는 것. • 적무음(寂無音) ⇨ 고요해서 소리가 없는 것.

玄帝垂訓에 曰人間私語라도
현 제 수 훈 왈 인 간 사 어

天聽은 若雷하고 暗室欺心이라도
천 청 약 뢰 암 실 기 심

神目은 如電이니라
신 목 여 전

【풀이】 현제의 가르침에 이르기를, 「인간의 사사로운 말일지라도 하늘이 듣는 것은 우뢰와 같으며 어두운 방

속에서 마음을 속인다해도 귀신의 눈은 번개와 같다.」

주 •사어(私語)⇨사사로운 말. •약뢰(若雷)⇨우뢰와 같다. •기심(欺心)⇨양심을 속이는 것.

益智書에 云惡鑵이 若滿이면 天必誅之니라
익지서 운악관 약만 천필주지

【풀이】 익지서에 이르기를, 「나쁜 마음이 가득 차면 하늘이 반드시 그 벌로 벨 것이다.」

주 •익지서(益智書)⇨송(宋)나라 때 책 이름. •악관(惡鑵)⇨악한 마음. •주(誅)⇨베서 벌준다는 뜻.

莊子 曰若人이 作不善하야 得顯名者는 人雖不害나 天必戮之니라
장자 왈약인 작불선 득현명자 인수불해 천필육지

【풀이】 장자가 말하기를, 「만일 사람이 착하지 못한 일을 하고 이름을 세상에 나타낸 자는 다른 사람이 비록

해치지 않는다 하더라도 하늘이 반드시 벌할 것이다.」

주 • 육(戮) ⇨ 죽인다. 벌한다. • 현명(顯名) ⇨ 이름을 나타내는 것.

種瓜得瓜요 **種豆得豆**니 **天**
종 과 득 과 종 두 득 두 천

網이 **恢恢**하야 **踈而不漏**니라
망 회 회 소 이 불 루

【풀이】 오이씨를 심으면 오이를 얻고 콩을 심으면 콩을 얻을 것이다. 하늘의 그물은 넓고 넓어서 보이지는 않으나 새지 않는다.」

子 曰獲罪於天이면 **無所禱**
자 왈 획 죄 어 천 무 소 도

也이니라
야

【풀이】 공자가 말하기를, 「악한 일을 하여 하늘에 죄를 지으면 빌 곳이 없다.」

주 • 무소도(無所禱) ⇨ 빌 곳이 없다. 하소연할 데가 없다.

順命篇
순 명 편

♧ 사람은 태어나면서부터 하늘이 준 운명을 가지고 있다고 한다. 풍요를 누리며 살아가는 것도, 가난하게 살아가는 것도 모두가 다 운명인 것이다. 그러므로 삶을 억지로 살아서는 안 된다. 순리대로 하늘의 명에 따르면서, 자기에게 주어진 운명에 충실할 줄 아는 사람이 되어야 한다. 자기의 할 일을 다하고 하늘의 심판을 기다리는 것이야말로 가장 현명한 삶의 방법이다.

子 曰死生이 有命이오 富貴
자 왈사생 유명 부귀

在天이니라
재천

【풀이】 공자가 말하기를, 「죽고 사는 것은 운명에 달려 있고 부자가 되고 귀하게 되는 것은 하늘에 달려 있다.」

주 • 사생(死生)⇨죽는 것과 사는 것. • 유명(有命)⇨운명에 있음. • 부귀(富貴)⇨부자가 되고 귀하게 되는 것. • 재천(在天)⇨하늘에 있음.

萬事分已定이어늘 浮生空自忙이니라
만 사 분 이 정 부 생 공 자 망

【풀이】 모든 일은 분수(分數)가 이미 정하여져 있는데 세상 사람들이 덧없는 인생을 부질없이 스스로 바쁘게 날뛰고 있다.」

주 • 분(分) ⇨ 분수(分數). • 부생(浮生) ⇨ 덧없는 인생.

景行錄에 云禍不可倖免이오 福不可再求니라
경 행 록 운 화 불 가 행 면 복 불 가 재 구

【풀이】 경행록에 이르기를, 「화(禍)는 결코 요행으로는 면할수 없으며 복은 결코 두 번 다시 얻을수 없다.」

주 • 행면(倖免) ⇨ 요행히 면하는 것. • 재구(再求) ⇨ 다시 얻는 것.

時來風送滕王閣이오 運退雷
시 래 풍 송 등 왕 각 운 퇴 뢰

轟薦福碑라
굉 천 복 비

【풀이】 때가 되니 바람은 (왕발을) 등왕각으로 보내고, 운이 없으니 벼락이 천복비를 때리도다.

주 • 등왕각(滕王閣)⇨양자강 유역 남창(南昌)에 있음. • 천복비(薦福碑)⇨원나라 때 극작가(劇作家) 마치원(馬致遠)이 세운 것이라는 말도 있고 당나라 때 세워졌으며 대명필(大名筆)인 구양순(歐陽詢)이 비문을 썼다는 말도 있다.

列子 曰痴聾痼瘂도 家豪
열자 왈치롱고아 가호

富요 智慧聰明도 却受貧이라
부 지혜총명 각수빈

年月日時 該載定하니 算來
년월일시 해재정 산래

由命不由人이니라
유명불유인

【풀이】 열자가 말하기를, 「어리석고 귀먹고 고질이 있고 벙어리라 하더라도 집은 큰 부자요, 지혜 있고 총명하다하지만 도리어 가난하다. 운수는 해와 달과 날과 시가 분명히 정하여져 있으니 헤아려 보면 부귀는 사람

으로 인하여 이루어지지 않고 운명에 있는 것이다.」

주 •열자(列子) ⇨ 이름은 어구(御寇). 전국시대 노나라 사람. 사상적으로는 도가(道家)에 속하며 충허진인(沖虛眞人), 지덕충허진인(至德沖虛眞人) 등의 칭호가 있다. •각(却) ⇨ 도리어. •해재정(該載定) ⇨ 해(該)는 이 것. 즉 운명을 말한다. 재정(載定)은 운명이 정해져 있다는 뜻. •산래(算來) ⇨ 헤아려보면.

孝行篇
효 행 편

♧ 우리는 어떻게 이 세상에 태어났으며, 어떻게 하여 오늘의 삶을 영위할 수 있게 되었는가? 우리를 낳고 기르고, 가르치시어 한 사람의 독립된 인간으로 존재할 수 있도록 하여준 사람이 바로 부모님이다. 우리가 행복된 삶을 누리는 것도 모두가 다 부모님의 덕분이다. 부모님의 하해같은 은혜를 무엇으로 어찌다 갚으랴.

詩曰父兮生我하시고 母兮鞠我
시 왈 부 혜 생 아 　 모 혜 국 아

하시니 哀哀父母여 生我劬勞샷다
애 애 부 모 　 생 아 구 로

欲報深恩인대 **昊天罔極**이로다
욕 보 심 은 　 호 천 망 극

【풀이】 시경의 시(詩)에 이르시기를, 「아버지 나를 낳으시고 어머니 나를 기르시니 아아 슬프도다 부모님이시어 나를 낳아 기르시느라고 애쓰고 수고하시었다. 그 은혜를 갚으려 한다면 넓은 하늘과같이 끝이 없네.」

주 • 국(鞠) ⇨ 기른다는 뜻. • 애애(哀哀) ⇨ 아아 슬프도다. • 구로(劬勞) ⇨ 애 쓰고 수고하였다는 뜻. • 망극(罔極) ⇨ 끝이 없다.

子ㅣ曰孝子之事親也에 **居則**
자 　 왈 효 자 지 사 친 야 　 거 즉

致其敬하고 **養則致其樂**하고 **病**
치 기 경 　 양 즉 치 기 락 　 병

則致其憂하고 **喪則致其哀**하고
즉 치 기 우 　 상 즉 치 기 애

祭則致其嚴이니라
제 즉 치 기 엄

【풀이】 공자가 말하기를, 「효자가 어버이를 모시는 것은 기거하심에는 그 공경을 다하고, 봉양함에는 즐거움을 다하며, 병이 드신 때에는 근심을 다하고, 돌아가신

때에는 슬픔을 다하고, 제사지낼 때엔 엄숙함을 다하라.」

주 • 사친(事親)⇨어버이를 모시는 일. • 거(居)⇨거처하는 것. 기거(起居)하는 것. • 치(致)⇨다하는 것. • 엄(嚴)⇨엄숙한 것.

子-曰父母-在어시든 不遠遊하며 遊必有方이니라
(자 왈 부 모 재 불 원 유 / 유 필 유 방)

【풀이】 공자가 말하기를,「부모가 살아 계시면 멀리 나가 놀지 않으며, 나가 놀 때에는 반드시 그 방향을 알리어라.」

子-曰父-命召어시든 唯而不諾하고 食在口則吐之니라
(자 왈 부 명 소 유 이 불 락 / 식 재 구 즉 토 지)

【풀이】 공자가 말하기를, 「아버지께서 부르시면 즉시 대답하며 머뭇거리지 말고 음식이 입안에 있거든 이를 뱉고 대답할 것이니라.」

주 • 유이불락(唯而不諾)⇨예 대답하고 곧 가는 것. • 식재구즉토지(食在口則吐之)⇨음식이 입안에 있으면 이를 뱉는다.

太公이 曰孝於親이면 子亦孝
태공 왈효어친 자역효
之하나니 身既不孝면 子何孝焉이리오
지 신기불효 자하효언

【풀이】 태공이 말하기를, 「자신(自身)이 부모에게 효도하면 자식이 또한 나에게 효도하게 된다. 자신이 부모에게 효도하지 아니하는데 자식이 어찌 나에게 효도하려 하겠는가?」

孝順은 還生孝順子요 忤逆은
효순 환생효순자 오역
還生忤逆子하나니 不信커든 但看
환생오역자 불신 단간
簷頭水하라 點點滴滴不差移니라
첨두수 점점적적불차이

【풀이】 효도하고 순종하는 사람은 또한 효도하고 순종하는 아들을 낳으며 반역하는 사람은 또한 반역하는 아들을 낳는다. 믿지 못하겠거든 저 처마끝의 낙수(落水)를 보라. 방울방울 떨어져 내림이 어긋남이 없지 아니한가?

주 • 효순(孝順)⇨부모에게 효도하고 순종하는 것. • 환(還)⇨또한. • 오역(忤逆)⇨패역(悖逆) 또는 반역(反逆). • 첨두(簷頭)⇨처마 끝. • 차이(差移)⇨어긋나는 것.

正己篇
정 기 편

♧ 먼저 스스로 자기의 몸을 닦는 일이 무엇보다도 우선되어야 한다. 대학에 이르기를 「수신제가 치국평천하(修身齊家 治國平天下)」라고 하였다. 먼저 자기의 몸을 닦고 난 다음에라야 가정도 이룰 수 있고 나라도 다스릴 수가 있다는 말이다. 사람이 삶을 영위하는데 있어서 가장 근본이 되는 것이 곧 자기의 몸을 닦는 일이다. 자기의 몸을 닦은 연후라야 다른 사람을 바르게 할 수가 있기 때문이다.

性理書에 **云 見人之善而尋**
성 리 서 운 견 인 지 선 이 심

己之善하고 **見人之惡而尋己**
기 지 선 견 인 지 악 이 심 기

之惡이니 **如此**면 **方是有益**이니라
지 악 여 차 방 시 유 익

【풀이】 성리서에게 이르기를, 「남의 착한 것을 보고서 나의 착한 것을 찾고, 남의 악한 것을 보고 나의 악한 것을 찾을 것이니 그와 같이 하면 바야흐로 이로움이 있을 것이니라.」

주 • 성리서(性理書)⇨성리학(性理學－인간의 心性과 우주의 원리를 연구하는 학문)의 서적. • 심기지선(尋己之善)⇨심(尋)은 찾는다는 뜻. 기지선(己之善)은 자기의 착한 것, 즉 나의 착한 것을 찾는다. • 방(方)⇨바야흐로.

景行錄에 云大丈夫는 當容人이언정 無爲人所容이니라
경행록 운대장부 당용인 무위인소용

【풀이】 경행록에 이르기를, 「대장부는 마땅히 남을 용서할지언정 남의 용서를 받는 사람은 되지 아니한다.」

주 • 용(容)⇨용납한다.

太公曰 勿以貴己而賤人하고 勿而自大而蔑小하고 勿以恃
태공왈 물이귀기이천인 물이자대이멸소 물이시

勇而輕敵이니라
용 이 경 적

【풀이】 태공이 말하기를, 「나를 귀하게 여김으로써 남을 천하게 여기지 말고 스스로 크다고 해서 남의 작은 것을 업신 여기지 말며 용맹을 믿어서 적을 가볍게 여기지 말라.」

주 • 귀기(貴己) ⇨ 자기를 귀히 여긴다. • 멸소(蔑小) ⇨ 작은 것을 업신 여기는 것. • 경적(輕敵) ⇨ 적(敵)을 가볍게 보는 것.

馬援이 曰聞人之過失이어든 如
마 원 왈 문 인 지 과 실 여

聞父母之名하여 耳可得聞이언정
문 부 모 지 명 이 가 득 문

口不可言也이니라
구 불 가 언 야

【풀이】 마원이 말하기를, 「남의 허물을 듣더라도 부모의 이름을 듣는 것과 같이하여 귀로 들을지언정 입으로 말하지를 말라.」

주 • 과실(過失) ⇨ 허물. • 여문부모지명(如聞父母之名) ⇨ 부모의 이름을 듣는 것과 같이 한다.

康節邵先生이 曰聞人之謗
강 절 소 선 생 왈 문 인 지 방

이라도 未嘗怒하며 聞人之譽라도
미 상 노 문 인 지 예

未嘗喜하며 聞人之惡이라도 未嘗
미 상 희 문 인 지 악 미 상

和하며 聞人之善則就而和之
화 문 인 지 선 즉 취 이 화 지

하고 又從而喜之니라 其詩에 曰
우 종 이 희 지 기 시 왈

樂見善人하며 樂聞善事하며 樂
락 견 선 인 락 문 선 사 락

道善言하며 樂行善意하고 聞
도 선 언 락 행 선 의 문

人之惡이어든 如負芒蕀하고 聞人
인 지 악 여 부 망 자 문 인

之善이어든 如佩蘭蕙니라
지 선 여 패 난 혜

【풀이】 강절소선생이 말하기를, 「남의 비방을 들어도 화

내지 아니하며 남의 칭찬을 들더라도 기뻐하지 말라. 다른 사람의 악한 것을 듣더라도 이에 성내지 말며 다른 사람의 선을 듣거든 곧 나아가 이에 기꺼이 답하고 또 따라서 즐거워할 것이다.」그의 시에 이렇게 말했다.

착한 사람 보기를 즐겨하며
착한 일 듣기를 즐겨하며
착한 말 하기를 즐겨하며
착한 뜻 행하기를 즐겨하라
남의 악한 것을 듣거든
가시를 몸에 지닌 것 같이 하고
남의 착한 것을 듣거든
난초를 몸에 지닌 것 같이 하라.

주 • 방(謗)⇨비방, 비평. • 예(譽)⇨칭찬하는 말. • 종(從)⇨따라서. • 망자⇨가시. • 난혜(蘭蕙)⇨난초.

道吾善者는 **是吾賊**이오 **道吾惡者**는 **是吾師**ㅣ니라
도오선자 시오적 도오악자 시오사

【풀이】 나를 착하다고 추켜세워 주는 사람은 곧 해로운 사람이요, 나를 나쁘다고 충고하여 주는 사람은 곧 나의 스승이다.

太公이 曰勤爲無價之寶요 愼
태 공 왈 근 위 무 가 지 보 신

是護身之符니라
시 호 신 지 부

【풀이】 태공이 말하기를, 「근면(謹勉)은 값 없는 보배이며 근신(謹愼)은 몸을 보호하는 부적이다.」

景行錄에 曰保生者는 寡慾하고
경 행 록 왈 보 생 자 과 욕

保身者는 避名이니 無慾은 易나
보 신 자 피 명 무 욕 이

無名은 難이니라
무 명 난

【풀이】 경행록에 이르기를, 「삶에 애착을 갖는 사람은 욕심을 적게 하고 몸에 애착을 갖는 사람은 이름을 피한다. 욕심을 없게 하기는 쉽지만 이름을 없게 하기는 어렵다.」

子 - 曰君子 有三戒하니 小之
자 왈 군 자 유 삼 계 소 지

時엔 血氣未定이라 戒之在色
시　혈기미정　계지재색

하고 及其壯也하얀 血氣方剛이라
급기장야　혈기방강

戒之在鬪하고 及其老也하얀 血
계지재투　급기노야　혈

氣既衰라 戒之在得이니라
기기쇠　계지재득

【풀이】 공자가 말하기를, 「군자는 모름지기 세 가지 경계할 것이 있으니, 나이가 어릴 때는 혈기(血氣)가 정하여지지 않았는지라 경계할 것이 여색(女色)이며, 몸이 장성함에 이르러서는 혈기가 바야흐로 강성한지라 경계할 것이 쟁투하는 일이며, 몸이 늙음에 이르러서는 혈기가 이미 쇠한지라 경계할 것이 욕심내어 얻으려는 것이다.」

주 • 방(方)⇨바야흐로. • 기쇠(既衰)⇨이미 줄어들었다. • 득(得)⇨물건을 욕심내어 얻으려는 것.

孫眞人養生銘에 云怒甚偏
손진인양생명　운노심편

傷氣오 思多太損神이라 神疲
상기 사다태손신 신피

心易役이오 氣弱病相因이라 勿
심이역 기약병상인 물

使悲歡極하고 當令飮食均하며
사비환극 당령음식균

再三防夜醉하고 第一戒晨
재삼방야취 제일계신

嗔하라
진

【풀이】 손진인양생명에 이르기를, 「성내기를 자주 하면 기운을 상하고 생각이 잦으면 크게 정신을 상한다. 정신이 피로하면 마음이 수고로워지기 쉽고 기운이 약하면 병이 더불어 일어난다. 슬퍼하고 기뻐하는 것을 자주하지 말며, 음식은 마땅히 고르게 먹고 밤에 술 취하는 것을 거듭 삼가하고, 무엇보다도 새벽에 화내는 것을 경계하라.」

주 • 손진인양생명(孫眞人養生銘)⇨손진인(孫眞人)이란 도가(道家)에 속하는 사람이다. 이름은 알려지지 않았음. 양생(養生)이란 몸과 마음을건강하게 해서 오래 살기를 꾀하는 것이다. 양생명이란 곧 양생하는 계명(戒銘)을 뜻함. • 운(云)⇨이르기를. • 상기(傷氣)⇨기운을 상하는 것. •

태손신(太損神)⇨태(太)는 크게의 뜻. 즉 크게 정신을 소모시키는 것. • 신피(神疲)⇨정신이 피로한 것. • 물사(勿使)⇨시키지 말라. • 야취(夜醉)⇨밤에 술 취하는 것. • 신진(晨嗔)⇨새벽에 성내는 것.

景行錄에 曰食淡精神爽이오
경 행 록 왈 식 담 정 신 상

心淸夢寐安이니라
심 청 몽 매 안

【풀이】 경행록에 이르기를, 「음식이 깨끗하면 정신이 맑아지고 마음이 밝으면 잠도 편히 잘 수 있다.」

주 • 식담(食淡)⇨먹는 것이 깨끗하다. • 몽(夢)⇨잠 자는 것.

定心應物하면 雖不讀書라도 可
정 심 응 물 수 불 독 서 가

以爲有德君子이니라
이 위 유 덕 군 자

【풀이】 마음가짐을 차분히 하여 사물(事物)을 대한다면 비록 글을 읽지 않았다하더라도 덕망이 있는 군자가 될 수 있다.

주 • 정심(定心)⇨마음을 차분히 한다. • 응물(應物)⇨사물(事物)을 대함.

近思録에 云懲忿을 如故人하고
근 사 록 운 징 분 여 고 인

窒慾을 如防水하라
질 욕 여 방 수

【풀이】 근사록에 이르기를, 「분노를 일으키지 아니하기를 옛 사람과 같이 하고 욕심을 없애기를 물 막듯이 하라.」

주 근사록(近思録) ⇨ 송(宋)나라 때의 책으로, 사람이 교양을 높이고 처세를 바르게 하며 양생(養生)을 하는데 있어서 필요한 금언(金言) 622조목을 추려내어 14부로 분류한 책이다. • 징분(懲忿) ⇨ 분노를 일으키지 않도록 한다.

夷堅志에 云避色을 如避讐하고
이 견 지 운 피 색 여 피 수

避風을 如避箭하며 莫喫空心
피 풍 여 피 전 막 끽 공 심

茶하고 少食中夜飯하라
다 소 식 중 야 반

【풀이】 이견지에 이르기를, 「여색을 피하기를 원수를 피하는 것과 같이 하고 바람을 피하기를 화살을 피하는 것과 같이하며 허기질 때 차를 마시지 말고 밤중에는

밥을 적게 먹어라.」

주 •이견지(夷堅志)⇨송(宋)나라 때 홍매(洪邁)가 엮은 설화집(說話集). 송나라 초기로부터 그가 살아있는 당시까지의 민간에서 일어난 기이한 사건이나 괴담(怪談)을 모은 책으로서 모두 四백 二十권이었으나 약 절반만이 후세에 전하여지고 있다. •피수(避讎)⇨원수를 피하는 것. •공심(空心)⇨빈 속. •끽(喫)⇨먹는다. •중야(中夜)⇨밤중.

荀子(순자) **-曰無用之辯**(왈무용지변)과 **不急之察**(불급지찰)을 **棄而勿治**(기이물치)하라

【풀이】 순자가 말하기를, 「하릴 없는 말과 급하지 아니한 일은 그만 두고 다스리지 말라.」

주 •순자(荀子)⇨이름은 황(況)이며, 전국시대 말기 조(趙)나라 사람으로, 자하(子夏)의 학파에 속하는 유교학자이다. 맹자의 성선설(性善說)에 대하여 인간의 본성은 악한 것이라는 성악설(性惡說)을 주장하였다. 법가(法家)인 한비자(韓非子)와 진시황 때의 정치가이며 문인으로 유명한 이사(李斯) 등이 다 그의 문하이다. 저서(著書)에는「순자(荀子)」가 있음.

子(자) **-曰衆**(왈중)이 **好之**(호지)라도 **必察焉**(필찰언)하며 **衆**(중)이 **惡之**(오지)라도 **必察焉**(필찰언)이니라

【풀이】 공자가 말하기를, 「모든 사람이 좋아하더라도 반드시 헤아려 보아야 하며, 모든 사람이 미워하더라도 반드시 헤아려 보아야 한다.」

酒中不語는 **眞君子**요 **財上分明**은 **大丈夫**이니라
주중불어 진군자 재상분명 대장부

【풀이】 술에 취한 가운데에도 말이 없는 것이 바로 참다운 군자요, 재물을 거래함에 있어 분명한 것이 바로 대장부이다.

萬事從寬이면 **其福自厚**이니라
만사종관 기복자후

【풀이】 모든 일에 있어서 너그러움을 따르면 그 복이 저절로 두터워진다.

太公이 **曰慾量他人**인대 **先須**
태공 왈욕량타인 선수

自量하라 傷人之語는 還是自
자 량 상 인 지 어 환 시 자

傷이니 含血噴人이면 先汚其
상 함 혈 분 인 선 오 기

口이니라
구

【풀이】 태공이 말하기를, 「다른 사람을 헤아려 보려거든 먼저 자신을 헤아려 보라. 다른 사람을 해치는 말은 도리어 자기 스스로를 해치는 것이니 피를 머금어 남에게 뿜는다면 먼저 제 입이 더러워지는 법이다.」

주 •수(須)⇨모름지기. •상(傷)⇨해친다. •환(還)⇨도리어. •오(汚)⇨더럽게 한다.

凡戲는 無益이오 惟勤이 有功이니라
범 희 무 익 유 근 유 공

【풀이】 모름지기 노는 것은 이익됨이 없으며 오직 부지런한 것만이 공(功)이 된다.

太公이 曰瓜田에 不納履하고
태 공 왈 과 전 불 납 리

李下에 不正冠이니라
이하 부정관

【풀이】 태공이 말하기를, 「남의 외밭에선 신을 고쳐 신지 말고 오얏나무 아래에선 갓을 고쳐 쓰지 말라.」

주 • 납리(納履)⇨신을 신는 것. 여기에서는 고쳐 신는다는 뜻.

景行錄에 曰心可逸이언정 形不可不勞요 道可樂이언정 心不可不憂니 形不勞則怠惰易弊하고 心不憂則荒淫不定故로 逸生於勞而常休하고 樂生於憂而無厭하나니 逸樂者는 憂勞를 豈可忘乎아
경행록 왈심가일 형불가불로 도가락 심불가불우 형불로즉태타이폐 심불우즉황음부정고 일생어로이상휴 락생어우이무염 일락자 우로 기가망호

【풀이】 경행록에 이르기를, 「마음은 편안하게 하더라도 육신은 수고롭게 하지 않을 수 없고 도(道)는 즐기더라도 마음은 근심하지 않을 수 없다. 육신을 수고롭게 하지 않으면 게을러져서 허물어지기 쉽고, 마음이 근심하지 않으면 주색에 빠져서 행동이 올바르지 않다. 그러므로 편안함은 수고로움에서 생기어 항상 기쁠 수가 있고 즐거움은 근심하는 데서 생기어 싫음이 없는 것이니 편안하고 즐거운 사람이 근심과 수고로움을 어찌 잊을 수 있겠는가?」

주 • 이폐(易弊)⇨허물어지기 쉽다. • 황음(荒淫)⇨주색에 빠지는 것. • 휴(休)⇨기쁘다. • 무염(無厭)⇨싫음이 없다.

耳不聞人之非하고 目不視人之短하고 口不言人之過라야 庶幾君子ㅣ니라

이불문인지비 목불시인지단 구불언인지과 서기군자

【풀이】 귀로는 남의 그릇됨을 듣지 아니하고, 눈으로는 남의 결점을 보지 아니하며, 입으로는 남의 허물을 말하지 않아야만 군자라고 할 수 있다.

蔡伯皆-曰喜怒는 在心하고
채 백 개 왈 희 노 재 심

言出於口하니 不可不愼이니라
언 출 어 구 불 가 불 신

【풀이】 채백개가 이르기를, 「기뻐하고 노여워하는 것은 마음 속에 있고 말은 입 밖으로 나가는 것이니 삼가하지 아니할 수 없도다.」

주 • 채백개(蔡伯皆)⇨이름은 옹(邕)이며, 자(字)가 백개(伯皆)임. 후한(後漢) 영제(靈帝) 때의 학자이다.

宰予-晝寢이어늘 子曰朽木은
재 여 주 침 자 왈 후 목

不可雕也요 糞土之墻은 不
불 가 조 야 분 토 지 장 불

可圬也니라
가 오 야

【풀이】 재여(宰予)가 낮잠을 자고 있었다. 이때 공자께서 말하기를, 「썩은 나무로는 조각을 할 수 없고 썩은 흙으로 쌓은 담은 흙손질을 할 수 없다.」

주 • 재여(宰予)⇨춘추시대 노(魯)나라 사람. 자는 자아(子我), 재아(宰

我)라고도 함. • 조(雕)⇨새긴다는 뜻. • 분토(糞土)⇨분(糞)은 똥의 뜻으로서 썩은 흙이라고 풀이된다. • 오(圬)⇨흙손질한다는 뜻. • 주침(晝寢)⇨낮잠.

紫虛元君誠諭心文에 曰福生於清儉하고 德生於卑退하고 道生於安靜하고 命生於和暢하고 憂生於多慾하고 禍生於多貪하고 過生於輕慢하고 罪生於不仁이니 戒眼莫看他非하고 戒口莫談他短하고 戒心莫自貪嗔하고 戒身莫隨惡伴하고

자허원군성유심문 왈복 생어청검 덕생어비퇴 도생어안정 명생어화창 우생어다욕 화생어다탐 과생어경만 죄생어불인 계안막간타비 계구막담타단 계심막자탐진 계신막수악반

無益之言을 莫妄説하고 不干
무익지언 막망설 불간

己事를 莫妄爲하고 尊君王孝
기사 막망위 존군왕효

父母하며 敬尊長奉有德하고 別
부모 경존장봉유덕 별

賢愚恕無識하고 物順來而勿
현우서무식 물순래이물

拒하며 物旣去而勿追하고 身
거 물기거이물추 신

未遇而勿望하며 事已過而勿
미우이물망 사이과이물

思하라 聰明도 多暗昧요 算計도
사 총명 다암매 산계

失便宜니라 損人終自失이오
실편의 손인종자실

依勢禍相隨라 戒之在心하고
의세화상수 계지재심

守之在氣라 爲不節而亡家
수 지 재 기 위 불 절 이 망 가

하고 因不廉而失位니라 勸君
인 불 염 이 실 위 권 군

自警於平生하나니 可歎可警而
자 경 어 평 생 가 탄 가 경 이

可思니라 上臨之以天鑑하고
가 사 상 임 지 이 천 감

下察之以地祇라 明有三法
하 찰 지 이 지 지 명 유 삼 법

相繼하고 暗有鬼神相隨라 惟
상 계 암 유 귀 신 상 수 유

正可守요 心不可欺니 戒之
정 가 수 심 불 가 기 계 지

戒之하라
계 지

【풀이】 자허원군 성유심문에 이르기를, 「복은 맑고 검소한 데서 비롯되고, 덕은 몸을 낮추고 겸손한 데서 갖추어지며, 도(道)는 편안하고 고요한 데서 이루어지며 생

명은 화창(和暢)한 데서 생긴다. 근심은 욕심이 많은 데서 생기고, 재앙은 탐욕(貪慾)이 많은 데서 비롯되며 과실(過失)은 경솔하고 교만한 데서 생기고 죄악은 어질지 못한 데서 비롯된다.

눈을 경계하여 다른 사람의 그릇된 것을 보지말고 입을 경계하여 다른 사람의 결점을 말하지 말고 마음을 경계하여 탐내고 성내지 말며 몸을 경계하여 나쁜 벗을 따르지 말라.

이로움을 주지 않는 말은 함부로 하지 말고나에게 관계 없는 일은 함부로 하지 말라.

임금을 높이고 부모에게 효도하며 웃어른을 공경하고 덕이 있는 분을 받들며 어질고 어리석은 것을 분별하고 무식한 사람을 용서하라.

물건이 순리(順理)로 오거든 물리치지 말고 이미 지나갔거든 쫓지 말며 몸이 불행한 가운데 처했더라도 바라지 말고 일이 이미 지나갔거든 생각지 말라. 총명한 사람도 어리석을 때가 많고 계획을 잘 세워 놓았어도 편의(便宜)를 잃는 수가 있다.

남에게 피해를 주면 마침내 자기도 해를 볼 것이요, 세력에 의존한다면 재앙이 따를 것이다.

경계하는 것은 모름지기 마음에 있고 지키는 것은 무릇 기운에 있다. 절약하지 아니함으로써 집을 망하게 하고 청렴하지 아니함으로써 지위(地位)를 잃게 된다.

그대에게 평생을 두고 스스로 경계할 것을 권하노라. 가히 놀랍게 여겨 생각할지니라. 위에는 하늘의 거울이 함께하고 있고 아래에는 땅의 심령이 지켜보고 있다. 밝은 곳에는 세 가지 법(三法)이 이어 있고 어두운 곳에는 귀신이 따르고 있다. 오직 바른 것을 지키고 자기 마음을 속이지 말것이니 경계하고 경계하라.」

주 • 자허원군(紫虛元君) ⇨ 도가(道家)에 속한다. 이름이나 연대는 미상이다. • 성유심문(誠諭心文) ⇨ 정성껏 마음을 깨우치는 글. • 비퇴(卑退) ⇨ 비(卑)는 몸을 낮춘다는 뜻이며 퇴(退)는 물러선다는 겸손의 뜻이다. • 화창(和暢) ⇨ 마음씨가 부드럽고 밝은 것. • 다탐(多貪) ⇨ 탐욕이 많은것. • 경만(輕慢) ⇨ 경솔하고 교만한 것. 계안(戒眼) ⇨ 눈을 경계하는 것. • 타비(他非) ⇨ 다른 사람의 그릇된 것. • 막담(莫談) ⇨ 말하지 말라. • 탐진(貪嗔) ⇨ 탐내고 성내는 것. • 악반(惡伴) ⇨ 반(伴)은 짝의 뜻이니 여기에서는 나쁜 벗으로 풀이된다. • 불간기사(不干己事) ⇨ 자기에게 관계 없는 일. • 막망위(莫妄爲) ⇨ 함부로 하지 말라. • 존장(尊長) ⇨ 나이 많은 어른을 말한다. • 봉(奉) ⇨ 받든다는 뜻. • 순래(順來) ⇨ 순리(順理)로 오는 것. • 미우(未遇) ⇨ 불우(不遇) 한 처지에 놓이는 것. • 총명(聰明) ⇨ 지혜가 밝은 것. • 암매(暗昧) ⇨ 사리(事理)에 어두운 것. • 산계(算計) ⇨ 계획을 짜 놓는 것. • 종자실(終自失) ⇨ 결국 가서는 자기도 손실을 입는 것. • 상수(相隨) ⇨ 서로 따른다. • 부절(不節) ⇨ 절(節)은 절개, 절조(節操) 등으로 해석되나 여기에서는 절약의 뜻. • 천감(天鑑) ⇨ 하늘의 거울. • 삼법(三法) ⇨ 경(輕), 중(中), 중(重)의 세 가지 율법(律法)임.

安分篇
안 분 편

♧ 사람에게는 누구에게나 욕망이 있다. 한 가지를 얻으면 두 가지를 갖고 싶고, 두 가지를 취하면 세 가지를 얻고 싶어지는 것이 사람의 욕망이다. 그러나 욕망이 도에 지나치게 되면 재앙을 가져오게 된다. 옛 말에도 과욕(過慾)은 금물(禁物)이라고 하였다. 그러므로 우리는 족(足)한 줄을 알고 분수에 넘치지 않는 편안한 삶을 살아가도록 해야 한다.

景行錄에 云知足可樂이오 務貪則憂니라
경행록 운지족가락 무탐즉우

【풀이】 경행록에 이르기를,「넉넉한 줄을 알면 즐거운 것이요 탐욕에 열중하면 근심이 생긴다.」

주 • 지족(知足) ⇨ 족한 것을 아는 것. • 무탐(務貪) ⇨ 탐욕(貪慾)에 열중하는 것.

知足者는 貧賤亦樂이오 不知
지족자 빈천역락 부지

足者는 富貴亦憂니라
족자 부귀역우

【풀이】 넉넉한 줄 아는 사람은 가난하고 천하더라도 즐겁고, 넉넉한 줄 알지 못하는 사람은 재산이 많고 귀하여도 또한 근심한다.

濫想은 徒傷神이오 妄動은 反致禍니라
남상 도상신 망동 반치화

【풀이】 부질 없는 생각은 한갓 정신을 상하게 할 뿐이요 망녕된 행동은 도리어 재앙만 가져온다.

주 •도(徒)⇨한갓. •반(反)⇨도리어. •치화(致禍)⇨재앙을 가져온다.

知足常足이면 終身不辱하고 知止常止면 終身無恥니라
지족상족 종신불욕 지지상지 종신무치

【풀이】 넉넉한 줄을 알아 항상 여유가 있으면 종신토록 욕

되지 아니하고 절제할 줄을 알아 항상 절제하면 종신토록 부끄러움이 없을 것이다.

주 •종신(終身)⇨몸이 죽을 때까지. •지족(知足)⇨넉넉한 줄 아는 것. 만족한 것.

書에 曰滿招損하고 謙受益이니라
서 왈만초손 겸수익

【풀이】 서경에 이르기를,「가득 차는 것은 손해를 불러오고 겸손하면 이익을 얻는다.」

주 •서경(書經)⇨삼경 또는 오경의 하나.

安分吟에 曰安分身無辱이오
안분음 왈안분신무욕

知機心自閑이니 雖居人世上
지기심자한 수거인세상

이나 却是出人間이니라
각시출인간

【풀이】 안분음에 이르기를,「분수를 지켜 편안하면 몸에 욕됨이 없고 세상일의 돌아가는 형편을 알면 마음이 스

스로 한가하나니 비록 인간 세상에 살더라도 도리어 인간 세상을 초월한 것이다.」

주 • 안분음(安分吟)⇨송나라 때의 시(詩). • 지기(知機)⇨세상 일의 돌아가는 형편을 아는것. • 심자한(心自閑)⇨마음이 스스로 한가롭다. • 출인간(出人間)⇨인간 세상을 초월함.

子曰 不在其位하얀 不謀其政이니라
자왈 부재기위 불모기정

【풀이】 공자가 말하기를, 「그 지위에 있지 않으면 그 정사(政事)를 꾀하지 말라.

存心篇
존심편

♧ 사람에게는 하늘이 내려주신 양심(良心)이라는 것이 있다. 사람이 양심을 지키게 되면 선한 사람이 되고, 양심을 잃게 되면 악한 사람이 된다. 항상 잘잘못을 뉘우치고 반성하는 가운데 하늘로부터 부여받은 양심을 보존하는 것이 중요하다. 사람에게 있어서 가장 귀중한 것이 바로 양심이기 때문이다.

景行錄에 云坐密室을 如通衢
경행록 운좌밀실 여통구

하고 馭寸心을 如六馬可免過니라
어촌심 여육마가면과

【풀이】 경행록에 이르기를, 「밀실(密室)에 앉아 있어도 마치 네거리에 앉아있는 것처럼 하고 작은 마음을 억제하기를 마치 육마(六馬)를 부리듯 하면 가히 허물을 면할 수 있을 것이니라.」

주 •밀실(密室)⇨아무도 보지 않는곳. •통구(通衢)⇨구(衢)는 거리의 뜻. 사방으로 통하는 큰길, 즉 네거리. •가면(可免)⇨면할 수 있다.

擊壤詩에 云富貴를 如將智
격양시 운부귀 여장지

力求인대 仲尼도 年少合封侯라
력구 중니 년소합봉후

世人은 不解青天意하고 空使
세인 불해청천의 공사

身心半夜愁이니라
신심반야수

【풀이】 격양시에 이르기를, 「부귀를 지혜와 힘으로 구할 수 있다면 중니(仲尼)는 젊은 나이에 마땅히 제후(諸侯)에 봉하였을 것이다. 세상 사람들은 푸른 하늘의 뜻을 알지 못하고 쓸데없이 몸과 마음으로 하여금 깊은 밤중에 근심하게 한다.

주 •격양시⇨송(宋)나라 때 소옹(邵雍)이 편찬한 격양집(擊壤集)에 실려 있는 시(詩)를 말한다. •중니(仲尼)⇨공자의 자(字). •합(合)⇨마땅히. •봉후(封侯)⇨제후에 봉한다는 뜻. •불해(不解)⇨풀지 못한다. 알지 못한다. •공(空)⇨부질없이. •반야수(半夜愁)⇨깊은 밤중에 근심하는 것.

范忠宣公이 戒子弟曰人雖至愚나 責人則明하고 雖有聰明이나 恕己則昏이니 爾曹는 但當以責人之心으로 責己하고 恕己之心으로 恕人則不患不到聖賢地位也이니라

범충선공 계자제왈인수지우 책인즉명 수유총명 서기즉혼 이조 단당이책인지심 책기 서기지심 서인즉불환부도성현지위야

【풀이】 범충선공(范忠宣公)이 자식들을 경계하여 이르기를, 「비록 지극히 어리석은 사람도 남을 나무라는 것은 밝고 비록 총명이 있다 해도 자기를 용서하는 것은 어둡다. 너희들은 마땅히 남을 책망하는 마음으로써 자기를 나무라고 자기를 용서하는 마음으로써 남을 용서한다면 성현(聖賢)의 경지(境地)에 이르지 못할 것을 염려할 것이 없다.」

주 • 범충선공(范忠宣公) ⇨ 북송(北宋) 철종(哲宗) 때의 재상. 이름은 순인(純仁), 시호(諡號)는 충선(忠宣), 사람됨이 지극히 효성스럽고 충후(忠厚)하였다. • 지우(至愚) ⇨ 지극히 어리석은 것. • 책인(責人) ⇨ 남을 책망하는 것. • 서기(恕己) ⇨ 자기를 용서하는 것. • 불환(不患) ⇨ 염려하지 않는다.

子(자)－曰(왈) 聰(총)明(명)思(사)睿(예)라도 守(수)之(지)以(이)愚(우)하고 功(공)被(피)天(천)下(하)라도 守(수)之(지)以(이)讓(양)하고 勇(용)力(력)振(진)世(세)라도 守(수)之(지)以(이)怯(겁)하고 富(부)有(유)四(사)海(해)라도 守(수)之(지)以(이)謙(겸)이니라

【풀이】 공자가 말하기를, 「총명하고 생각함이 뛰어나도

어리석은체 하여야 하고, 공적이 천하를 덮더라도 겸양하는 마음을 가져야 하고, 용맹이 세상을 진동하더라도 겁내는 마음을 가져야 하며 부유한 것이 온 천하를 차지했다 하더라도 겸허한 마음을 가져야 한다.」

주 • 사예(思睿)⇨생각함이 뛰어남. • 피(被)⇨덮는 것. • 진세(振世)⇨세상을 진동하는것. • 유(有)⇨여기에서는 '차지했다'로 풀이하는 것이 바람직하다.

素書에 云薄施厚望者는 不報
소서 운박시후망자 불보

하고 貴而忘賤者는 不久니라
귀이망천자 불구

【풀이】 소서에 이르기를, 「박하게 주고 후하게 바라는 사람에게는 보답이 없고 몸이 귀하게 된 후 천했던 때를 잊는 사람은 오래 계속하지 못한다.」

주 • 소서(素書)⇨진(秦)나라 말기의 병가(兵家) 인 황석공(黃石公)이 장량(張良)에게 전해 준 병서(兵書). • 박시(薄施)⇨박하게 주다. • 불보(不報)⇨「갚지 않는다」는 뜻, 또는 보답이 없다는 뜻. • 망천(忘賤)⇨천했던 때를 잊는 것. • 불구(不久)⇨오래 가지 않음.

施恩勿求報하고 與人勿追
시은물구보 여인물추

悔하라
회

【풀이】 은혜를 베풀거든 그 보답을 바라지 말고 남에게 주었거든 후에 뉘우치지 말라.

주 • 구보(求報)⇨보답을 바람. 구함. • 추회(追悔)⇨다음에 후회하는것.

孫思邈이 曰膽欲大而心欲
손 사 막 왈 담 욕 대 이 심 욕

小하고 知欲圓而行欲方이니라
소 지 욕 원 이 행 욕 방

【풀이】 손사막이 말하기를, 「담력(膽力)은 크게 가지도록 하되 마음가짐은 세심하여야 하고 지혜는 풍부하도록 하되 행동은 방정하도록 해야 한다.」

주 • 손사막(孫思邈)⇨당(唐)나라 때 이름높았던 의사(醫師). • 담(膽)⇨담력(膽力). • 욕대(欲大)⇨크게 하는 것. • 원(圓)⇨원만한 것. 풍부한 것. • 방(方)⇨방정(方正) 한 것.

念念要如臨戰日하고 心心常
염 염 요 여 임 전 일 심 심 상

似過橋時니라
사 과 교 시

【풀이】 생각하는 것은 언제나 싸움터에 나아가는 날과 같이 하고 마음은 항상 다리를 건너는 때와 같이 하라.

주 • 염념(念念)⇨생각하고 생각하는 것. • 요(要)⇨필요함. • 상(常)⇨항창, 언제나. • 과교시(過橋時)⇨다리를 건너는 때.

懼法 - 朝朝樂이오 欺公日日憂니라
구법 조조락 기공일일우

【풀이】 법을 두려워하면 항상 즐겁고, 나라일을 속이면 날마다 근심이 있을 것이다.

주 • 구법(懼法)⇨법을 두려워하는 것. • 조조락(朝朝樂)⇨아침마다 즐거움. 항상 즐거움. • 기공(欺公)⇨공(公)은 나라일을 뜻함. 나라일을 속임.

朱文公이 曰守口如甁하고 防意如城하라
주문공 왈수구여병 방의여성

【풀이】 주문공이 말하기를, 「입을 지키는 것을 병과 같이 하고 뜻을 막기를 성(城)과 같이 하라.」

주 • 주문공(朱文公)⇨남송(南宋)의 대유(大儒)인 주자(朱子)를 말함. 이름은 희(熹)요, 자는 원회(元晦) 또는 중회(仲晦), 호는 회암(晦菴) 또는 회옹(晦翁)이며, 성리학(性理學 – 인간의 心性과 우주의 원리를 연구하는 학문)을 대성(大成)시켰다. 성리학은 도학(道學), 송학(宋學), 정주학(程朱學), 주자학(朱子學) 등으로 불리워진다. 저서(著書)로서는 시집전(詩集傳), 사서집주(四書集註), 자치통감강목(資治通鑑綱目), 근사록(近思録), 소학(小學) 등이 있다. • 방의(防意)⇨뜻을 막음.

心不負人이면 面無慚色이니라
심 불 부 인 면 무 참 색

【풀이】 마음이 남을 저버리지 않으면 얼굴에 부끄러운 빛이 없다.

人無百歲人이나 枉作千年計니라
인 무 백 세 인 왕 작 천 년 계

【풀이】 사람은 백 살까지 사는 사람이 없으나 부질없이 천 년의 계획을 세우도다.

주 • 백세인(百歲人)⇨백 살된 사람, 또는 백 살까지 사는 사람. • 왕(枉)⇨잘못의 뜻. 부질없음.

寇萊公六悔銘에 云官行私
구 래 공 육 회 명 운 관 행 사

曲失時悔요 富不儉用貧時
곡 실 시 회 부 불 검 용 빈 시

悔요 藝不少學過時悔요 見事
회 예 불 소 학 과 시 회 견 사

不學用時悔요 醉後狂言醒時
불 학 용 시 회 취 후 광 언 성 시

悔요 安不將息病時悔니라
회 안 부 장 식 병 시 회

【풀이】 구래공 육회명에 이르기를, 「벼슬아치가 사곡(私曲)을 행하면 벼슬을 잃을 때 후회하게 되고, 부유했을 때 근검절약하지 않으면 가난해졌을 때 후회하게 된다. 기예(技藝)를 젊었을 때 배우지 않으면 시기가 지나갔을 때 후회하게 되고, 사물(事物)을 보고 배우지 않으면 필요하게 되었을 때 후회하게 된다. 취한 뒤에 함부로 말하면 술에서 깨어났을 때 후회하게되고 몸이 건강했을 때 휴식을 취하지 않으면 병들었을 때 후회하게 된다.」

주 • 구래공 ⇨ 자는 평중(平仲)이요, 이름은 준(準)이다. 진종 때 어진 재상이며, 요(遼)나라가 침입했을 때 전주(澶州)에서 맹약(盟約)을 체결해서 시국을 수습하였다. 그 공으로 인하여 내국공에봉해졌다.

益智書에 云寧無事而家貧이언정 莫有事而家富요 寧無事而住茅屋이언정 不有事而住金屋이요 寧無病而食麤飯이언정 不有病而服良藥이니라

익지서 운영무사이가빈 막유사이가부 영무사이주모옥 불유사이주금옥 영무병이식추반 불유병이복양약

【풀이】 익지서에 이르기를, 「차라리 아무 탈 없이 집이 가난할지언정 탈이 있으면서 집이 부자 되지 말 것이요, 차라리 아무 탈 없이 모옥(茅屋)에 살지언정 탈이 있으면서 좋은 집에서 살지 말 것이요, 차라리 병이 없이 거친 밥을 먹을지언정 병이 있어 좋은 약을 먹지 말 것이니라.」

주 • 영(寧)⇨편안히, 어찌, 차라리 등의 뜻임. • 무사(無事)⇨일 없이, 탈 없이. • 유사(有事)⇨일이 있다. 탈이 있다. • 모옥(茅屋)⇨띠풀로 덮은 집. • 금옥(金屋)⇨좋은 집, 훌륭한 집. • 추반(麤飯)⇨거친 밥. • 양약(良藥)⇨좋은 약.

心安茅屋穩이오 **性定菜羹**
심 안 모 옥 온 　 성 정 채 갱

香이니라
향

【풀이】 마음이 편안하면 초가집도 안온하고 타고난 성품이 어질면 나물국도 향기롭다.

주 • 온(穩)⇨안온(安穩)함. • 채갱(菜羹)⇨나물국.

景行録에 **云責人者**는 **不全交**요
경 행 록 　 운 책 인 자 　 부 전 교

自恕者는 **不改過**니라
자 서 자 　 불 개 과

【풀이】 경행록에 이르기를, 「남을 책망하는 사람은 사귐을 온전히 할 수 없고, 스스로 용서하는 사람은 허물을 고치지 못한다.」

주 • 부전교(不全交)⇨사귐을 온전히 할 수 없음. • 자서(自恕)⇨스스로 용서함.

夙興夜寐하여 **所思忠孝者**는
숙 흥 야 매 　 소 사 충 효 자

人不知나 天必知之요 飽食煖衣하여 怡然自衛者는 身雖安이나 其如子孫에 何오
인부지 천필지지 포식난의 이연자위자 신수안 기여자손 하

【풀이】 아침 일찍 일어나서부터 밤이 깊어 잠들 때까지 충과 효만 생각하는 자는 사람들이 알지 못하더라도 하늘이 반드시 알 것이다. 배불리 먹고 따뜻하게 입고서 편안하게 제몸만 보호하는 자는 몸은 비록 안락하나 그 자손에게는 어찌할 것인가?

주 •숙흥야매(夙興夜寐)⇨아침 일찍 일어나서 밤 늦게 자는 것. •포식난의(飽食煖衣)⇨배불리 먹고 따뜻하게 옷을 입는 것을 말함. •이연(怡然)⇨즐겁게. •자위(自衛)⇨자신을 보호함.

以愛妻子之心으로 事親則曲盡其孝요 以保富貴之心으로 奉君則無往不忠이오 以責人
이애처자지심 사친즉곡진기효 이보부귀지심 봉군즉무왕불충 이책인

之心으로 責己則寡過요 以恕
지 심 책 기 즉 과 과 이 서

己之心으로 恕人則全交니라
기 지 심 서 인 즉 전 교

【풀이】 아내와 자식을 사랑하는 마음으로써 어버이를 봉양한다면 그 효도를 극진히 할 수 있고 부귀를 지키려는 마음과 같이 임금을 섬긴다면 그 어디에서도 충성이 아닌 것이 없을 것이니라. 남을 책망하는 마음으로써 자기를 책망한다면 허물이 적을 것이요 자기를 용서하는 마음으로써 남을 용서한다면 사귐을 온전히 할 수 있을 것이니라.

주 사친(事親)⇨어버이를 봉양하는 것. • 곡진(曲盡)⇨ 극진히 하는 것. • 보(保)⇨지키는 것. • 무왕(無往)⇨ 어디를 가든지. • 책기(責己)⇨ 자기를 책망하는 것. • 과과(寡過)⇨허물이 적음. • 전교(全交)⇨ 사귐을 온전히 하는 것.

爾謀不藏이면 悔之何及이며 爾
이 모 부 장 회 지 하 급 이

見不長이면 敎之何益이리오 利心
견 부 장 교 지 하 익 이 심

專心則背道요 私意確則滅
전 심 즉 배 도 사 의 확 즉 멸

公이니라
공

【풀이】 너의 행함이 좋지 못하면 후회한들 어찌 미치며 너의 안목이 훌륭하지 못하면 가르친들 무슨 더하는 바가 있겠는가? 이익만을 생각하는 마음을 가진다면 도(道)에 어그러지고 개인만을 위하는 생각이 굳으면 공사(公事)를 멸하게 되느니라.

주 • 이(爾)⇨너. • 불장(不長)⇨길지 않음. 훌륭하지 못함. • 하익(何益)⇨무슨 더함이 있겠는가? • 이심(利心)⇨이익만을 생각하는 마음. • 전(專)⇨오로지한다. • 배도(背道)⇨배(背)는 배반, 위배(違背). • 사의(私意)⇨개인만을 위하는 생각. • 확(確)⇨굳센 것. • 멸공(滅公)⇨공사(公事)를 없이함.

生事事生이오 省事事省이니라
생 사 사 생　　성 사 사 성

【풀이】 일은 만들면 생기고 덜면 덜린다.

戒性篇
계 성 편

♧ 우리에게는 하늘로부터 부여받은 저마다의 성품(性品)이 있다. 하늘은 사람에게 원래부터 착한 성품을 내려 주었다. 그러나 저마다 행동하는 방법과 생각하는 자세에 따라 성품이 다르게 나타난다. 우리는 성품을 하늘로부터 부여받은 본연의 상태로 지키기 위하여 노력을 게을리하지 말아야겠다.

景行錄에 云人性이 如水하야
경행록 운인성 여수

水一傾則不可復이오 性一縱
수일경즉불가복 성일종

則不可反이니 制水者는 必以
즉불가반 제수자 필이

堤防하고 制性者는 必以禮
제방 제성자 필이예

法이니라
법

【풀이】 경행록에 이르기를, 「사람의 성품은 물과 같아서 물이 한번 엎질러지면 돌이켜질 수 없고 성품이 한번 풀어지면 돌아오지 못한다. 물을 막는 사람은 반드시 제방(堤防)으로써 하고 성품을 막으려는 사람은 반드시 예법으로써 한다.」

주 • 경(傾)⇨기울어 진다는 뜻. 여기에서는 엎질러진다는 뜻이 더 어울린다. • 종(縱)⇨놓여짐. • 불가반(不可反)⇨돌아올 수 없음. • 제(制)⇨여기에서는 막는다는 뜻으로 풀이된다. • 제방(堤防)⇨물이 들어오지 못하도록 쌓은 둑을 말함.

忍一時之忿이면 免百日之憂이니라
인일시지분 면백일지우

【풀이】 한 때의 분한 마음을 참으면 백날의 근심을 덜수 있다.

得忍且忍이오 得戒且戒하라 不忍不戒면 小事成大니라
득인차인 득계차계 불인불계 소사성대

【풀이】 참고 또 참으며 경계하고 또 경계할지니라. 참지 않고 경계하지 않으면 작은 일이 크게 되느니라.

愚濁生嗔怒는 皆因理不通이라 休添心上火하고 只作耳邊風하라 長短은 家家有요 炎涼은 處處同이라 是非無相實하여 究竟摠成空이니라

우탁생진노 개인리불통 휴첨심상화 지작이변풍 장단 가가유 염량 처처동 시비무상실 구경총성공

【풀이】 어리석고 못난 사람이 화를 내는 것은 다 이치를 깨닫지 못하기 때문이다. 마음 위에 불길을 더하지 말고 다만 귓전을 스치는 바람결로 여기어라. 장점과 결점은 집집마다 있고 따뜻하고 서늘한 것은 곳곳이 같으니라. 옳고 그름이란 본래 실상(實相)이 없으므로 결국은 모두가 다 빈 것이 되느니라.

주 • 우탁(愚濁)⇨어리석고 흐린 것. • 진노(嗔怒)⇨화내는 것. • 인(因)

⇨인하여, 또는 원인. • 이불통(理不通) ⇨ 이치를 깨닫지 못한 것. • 휴첨(休添)⇨첨은 더하는 것, 휴(休)는 하지 말라는 뜻. 즉 더하지 말라는 뜻. • 이변풍(耳邊風)⇨귓전을 스쳐 가는 바람결. • 장단(長短)⇨장점과 결점. • 염량(炎涼)⇨따뜻하고 서늘한 것. • 무상실(無相實)⇨옳은 것이나 그른 것을 막론하고 다 같이 실제 형상이 없는것.

子張이 欲行에 辭於夫子할새
자장 욕행 사어부자

願賜一言이 爲修身之美하노이다
원사일언 위수신지미

子-曰 百行之本이 忍之爲
자 왈 백행지본 인지위

上이니라 子張이 曰何爲忍之닛고
상 자장 왈하위인지

子-曰 天子-忍之면 國無
자 왈 천자 인지 국무

害하고 諸侯-忍之면 成其大
해 제후 인지 성기대

하고 官吏-忍之면 進其位하고
관리 인지 진기위

兄弟ㅡ忍之면 家富貴하고 夫
형제 인지 가부귀 부

妻ㅡ忍之면 終其世하고 朋友ㅡ
처 인지 종기세 붕우

忍之면 名不廢하고 自身ㅡ忍
인지 명불폐 자신 인

之면 無禍害니라
지 무화해

【풀이】 자장(子張)이 떠나고자 하여 공자께 하직을 하면서 말하기를, 「몸을 닦는 가장 아름다운 길을 말씀해 주시기를 원하나이다.」 공자가 말하기를, 「모든 행동의 근본은 참는 것이 그 으뜸이니라.」 「참으면 어떻게 됩니까?」 「임금이 참으면 나라에 해가 없고, 제후가 참으면 큰 나라를 이루고, 벼슬아치가 참으면 그 지위가 향상되고 형제가 참으면 집안이 부귀하고, 부부(夫婦)가 참으면 평생을 해로(偕老)할 수 있고, 벗끼리 참으면 이름이 깎이지 않고, 스스로가 참으면 재앙이 없을 것이니라.」

주 • 자장(子張)⇨성은 전손(顓孫), 이름은 사(師), 자장은 그의 자(字)이다. 공자의 제자임. • 행(行)⇨길을 떠나려 하는 것. • 사(辭)⇨

하직인사를 하는것. • 부자(夫子)⇨일반적으로 스승에 대한 존칭임. 유자(儒者)들 사이에 부자라면 공자를 지칭(指稱) 하는 것으로 되어있다. •수신지미(修身之美)⇨몸을 닦는 훌륭한 방법. • 하위인지(何爲忍之)⇨참으면 어떻게 되는가? •제후(諸候)⇨고대중국 봉건제도(封建制度) 시대에 있어서 천자로부터 일정한 봉토(封土)를 받아 그 영지(領地)를 다스렸던 각급(各級)의 지배자 들을 말함. 공(公), 후(侯), 백(伯), 자(子), 남(男)의 다섯 작위(爵位)로 구별되며 공작(公爵)은 백 리, 자작(子爵)과 백작(伯爵)은 칠십 리, 자작(子爵)과 남작(男爵)은 오십리의 봉토(封土)를 받았다. • 위(位)⇨벼슬 또는 지위. •종기세(終其世)⇨세(世)는 일생, 종(終)은 해로의 뜻으로 평생을 해로한다는 뜻임. • 명불폐(名不廢)⇨이름이 깎이우지 않는다. •화해(禍害)⇨재앙과 해로움.

子張이 曰不忍則如何닛고 子
자 장 왈 불 인 즉 여 하 자

ㅡ曰天子ㅡ 不忍이면 國空虛
왈 천 자 불 인 국 공 허

하고 諸侯ㅡ不忍이면 喪其軀하고
제 후 불 인 상 기 구

官吏 ㅡ 不忍이면 刑法誅하고
관 리 불 인 형 법 주

兄弟ㅡ不忍이면 各分居하고 夫
형 제 불 인 각 분 거 부

妻ㅡ不忍이면 令子孤하고 朋友
처 불 인 영 자 고 붕 우

一不忍이면 情意疎하고 自身이
불인 정의소 자신

不忍이면 患不除니라 子張曰善
불인 환부제 자장왈선

哉善哉라 難忍難忍이여 非人
재선재 난인난인 비인

不忍이요 不忍非人이로다
불인 불인비인

【풀이】 자장이 묻기를, 「참지 않으면 어떻게 됩니까?」 공자가 말하기를, 「천자가 참지 않으면 나라가 망하게 되고, 제후가 참지 않으면 그 몸을 잃고, 벼슬아치가 참지 않으면 나라의 법에 의하여 죽게 되고, 형제가 참지 않으면 헤어져 살게 되고, 부부가 참지 않으면 자식으로 하여금 외롭게 할 것이요, 벗끼리 참지 않으면 정의(情誼)가 멀어질 것이고, 스스로가 참지 않으면 근심이 없어지지 않을 것이니라.」「참으로 좋으신 말씀이십니다. 참기 어려움이여, 참기 어려움이여, 사람이 아니면 참지 못할 것이요, 참지 못하면 사람이 아닙니다.」

주 •여하(如何)⇨어떠한가? •공허(空虛)⇨텅 비는 것. 망하는 것. •상(喪)⇨상실(喪失), 잃는 것. •형법주(刑法誅)⇨형법 즉 나라의 법에 의해서 죽음을 당하는 것. • 영(令)⇨으로 하여금의 뜻임. • 정의(情意)⇨ 여기에서는 우정(友情)을 뜻함. • 선재 선재(善哉善哉)⇨좋다는 감탄사(感嘆辭)의 연발임. • 난인 난인(難忍難忍)⇨참기 어렵다는 것으로서 두번씩이나 같은 말의 연속은 강조하는 뜻임.

景行錄에 云屈己者는 能處重하고 好勝者는 必遇敵이니라
경행록 운굴기자 능처중 호승자 필우적

【풀이】 경행록에 이르기를, 「자기를 굽히는 사람은 중요한 지위에 오를 수 있으며 승리하기를 좋아하는 사람은 반드시 적(敵)을 만나게 된다.」

주 • 굴기자(屈己者)⇨자기를 굽히는 자. 남에게 양보하는 사람. • 능처(能處)⇨처할 수 있다. 여기서는 오를 수 있다는 뜻으로 풀이하는 것이 바람직하다. • 중(重)⇨중요한 위치, 또는 지위.

惡人이 罵善人커든 善人은 摠不對하라 不對는 心淸閑이오 罵者는 口熱沸니라 正如人唾天
악인 매선인 선인 총부대 부대 심청한 매자 구열비 정여인타천

하여 還從己身墜니라
환 종 기 신 추

【풀이】 악한 사람이 선한 사람을 나무라거든 선한 사람은 결코 이에 대꾸하지 말아라. 대꾸하지 않는 사람은 마음이 맑고 편안하나, 나무라는 사람은 입이 뜨겁고 끓어 오른다. 마치 사람이 하늘에다 대고 침을 뱉는 것 같아서 다시 자기 몸에 떨어지게 되느니라.

주 • 매(罵)⇨나무란다는 뜻. • 총(摠)⇨결코. • 청한(淸閑)⇨맑고도 편안한 것. • 열비(熱沸)⇨뜨겁게 끓어오르는 것. • 타(唾)⇨침뱉는 것. • 기신(己身)⇨자기 몸.

我若被人罵라도 佯聾不分說
아 약 피 인 매 양 롱 불 분 설

하라 譬如火燒空하여 不救自然
비 여 화 소 공 불 구 자 연

滅이라 我心은 等虛空이어늘 摠爾
멸 아 심 등 허 공 총 이

飜唇舌이니라
번 순 설

【풀이】 내가 만약 다른 사람에게 욕설을 듣더라도 거짓

귀먹은 체하고 시비를 가려 말하지 말라. 비유하건대 불이 허공에서 타다가 끄지 않아도 저절로 꺼지는 것과 같도다. 나의 마음은 허공과 같은데 너의 입술과 혀만이 엎어졌다 뒤집혀졌다 할 뿐이니라.

주 •피(被)⇨다른사람에게……을 당한다. •피인매(被人罵)⇨ 다른사람에게서 욕설을 당한다. •양(佯)⇨거짓. •분설(分說)⇨시비를 가려서 말하는 것. •비(譬)⇨비유해서 말하는 것. •화소공(火燒空)⇨불이 허공을 태우는 것. •불구(不救)⇨구하지 않는다. 여기에서는 불을 끄지 않는다로 풀이하는게 바람직함. •등(等)⇨같은 것. •번(飜)⇨ 엎어졌다 뒤집혔다함.

凡事에 留人情이면 後來에 好相見이니라
범사 유인정 후래 호상견

【풀이】 모든 일에 인정(人情)을 남겨 두면 뒷날 서로 좋은 낯으로 보게 되느니라.

주 •범사(凡事)⇨모든 일. •유(留)⇨남겨두는 것. •후래(後來) ⇨ 뒤에 오는 것, 즉 뒷날, 장래. •호상견(好相見)⇨서로 좋은 낯으로 만남.

勤學篇
근 학 편

♧ 우리에게 만약 배움이 없다면 삶은 너무나도 보잘 것없고 삭막할 것이다. 우리에게 삶의 풍요를 가져다 주는 것이 바로 배움이다. 사람은 배움으로서 아는 것이 많아져 사물의 이치를 깨닫게 되고 큰 일을 이룩할 수가 있게 된다. 아는 것이 힘이라는 말도 있다. 아무쪼록 우리는 열심히 배우고 부지런히 노력하여 삶을 한층 더 값지게 해야겠다.

子ㅡ曰博學而篤志하고 切問
자 왈박학이독지 절문

而近思면 仁在其中矣니라
이근사 인재기중의

【풀이】 공자가 말하기를, 「널리 배우고 뜻을 두텁게 진실되게 묻고 깊이 생각하면 인(仁)은 그 속에 있느니라.」

주 • 박학(博學) ⇨ 널리 배움. • 독지(篤志) ⇨ 뜻을 두텁게 함. • 근사(近思) ⇨ 깊이 생각하는 것.

莊子-曰人之不學은 如登天
장 자 왈 인 지 불 학 여 등 천

而無術하고 學而智遠이면 如披
이 무 술 학 이 지 원 여 피

祥雲而覩靑天하고 登高山而
상 운 이 도 청 천 등 고 산 이

望四海니라
망 사 해

【풀이】 장자가 말하기를, 「사람이 배우지 않음은재주없이 하늘에 오르려는 것과 같고, 배워도 아는 것이 없으면 상서(祥瑞)로운 구름을 헤치고 푸른 하늘을 보며 높은 산에 올라 세상을 바라보는 것과 같으니라.」

주 •무술(無術)⇨재주가 없음. •지원(智遠)⇨지혜가 먼 것. 아는 것이 없음. •피(披)⇨헤친다. •도(覩)⇨보다. •상운(祥雲)⇨ 상서로운 구름.

禮記에 曰玉不琢이면 不成器
예 기 왈 옥 불 탁 불 성 기

하고 人不學이면 不知義니라
인 불 학 부 지 의

【풀이】 예기에 이르기를, 「옥(玉)은 쪼아 다듬지 않으면 그릇을 이루지 못하고, 사람은 배우지 않으면 의(義)를 알지 못한다.」

주 • 예기(禮記)⇨오경(五經)의 하나. 전한 선제 때의 학자인 대성(戴聖)이 편저(編著). 고대중국의 제도(制度) 및 예법(禮法) 등을 수록했음. 주례(周禮) 및 의례(儀禮)를 합쳐서 삼례(三禮)라고 한다. • 불탁(不琢)⇨다듬지 않는다는 뜻. • 불성기(不成器)⇨그릇을 이루지 못함.

太公이 曰人生不學이면 如冥冥夜行이니라
태공 왈인생불학 여명명야행

【풀이】 태공이 말하기를, 「사람이 배우지 않으면 아득히 어두운 밤길을 가는 것과 같느니라.」

주 • 명명(冥冥)⇨매우 어두운 것. • 야행(夜行)⇨밤길을 가는것.

韓文公이 曰人不通古今이면 馬牛而襟裾니라
한문공 왈인불통고금 마우이금거

【풀이】 한문공이 말하기를, 「사람이 고금(古今)을 깨단

지 못한다면 말과 소에게 옷을 입힌 것과 같은 것이다.」

주 • 한문공(韓文公)⇨이름은 유(愈)요, 자는 퇴지(退之)이며, 당(唐)나라의 문인이다. 창려(昌黎) 사람으로, 당송팔대가(唐宋八大家)의 제일인자로 꼽힌다. 유교(儒教)를 숭상하고 불교와 도교(道教)를 배척하였음. 저서(著書)로서 한창려문집(韓昌黎文集)40권, 외집(外集) 10권 등이 있음. 문공(文公)은 그의 시호(詩號)이다.

朱文公이 曰家若貧이라도 不可
주 문 공 왈 가 약 빈 불 가

因貧而廢學이요 家若富이라도 不
인 빈 이 폐 학 가 약 부 불

可恃富而怠學이니 貧若勤學
가 시 부 이 태 학 · 빈 약 근 학

이면 可以立身이요 富若勤學이면
가 이 입 신 부 약 근 학

名乃光榮하리니 惟見學者顯達
명 내 광 영 유 견 학 자 현 달

이요 不見學者無成이니라 學者는
불 견 학 자 무 성 학 자

乃身之寶요 學者는 乃世之珍
내 신 지 보 학 자 내 세 지 진

이니라 是故로 學則乃爲君子요
시고 학즉내위군자

不學則爲小人이니 後之學者
불학즉위소인 후지학자

는 宜各勉之니라
의각면지

【풀이】 주문공이 말하기를,「집이 만약 가난하더라도 가난으로 인하여 학문을 없이해서는 안되고, 집이 만약 부유하더라도 부유한 것을 믿고 학문을 게을리해서는 안된다. 가난한 사람이 만약 부지런히 배운다면 몸을 일으킬 수 있을 것이요, 부유한 사람이 만약 부지런히 배운다면 이름이 더욱 빛날 것이다. 오직 배운 사람만이 현달(顯達)한 것을 보았으며, 배운 사람으로서 이루지 못하는 것은 보지 못했노라. 배움이란 곧 몸의 보배요, 배운 사람이란 곧 세상의 보배이니라. 그러므로 배우면 군자가 되고 배우지 않으면 소인이 되느니라. 뒷날 배우는 사람은 마땅히 서로 힘쓸 것이니라.」

주 • 인(因)⇨인하여 • 인빈(因貧)⇨가난한 것으로 인하여 • 폐학(廢學)⇨학문을 없앰. • 시부(恃富)⇨부유한 것을 믿는 것. • 근학(勤學)⇨부부지런히 배우는 것 • 무성(無成)⇨이룸이 없는 것 • 내(乃)⇨곧, 바로 • 세지진(世之珍)⇨진(珍)은 보기 드문 보배의 뜻 세상의 진귀한 보배 • 면지(勉之)⇨힘쓰라.

徽宗皇帝–曰學子는 如禾如稻하고 不學者는 如蒿如草로다
휘종황제 왈학자 여화여도 불학자 여호여초

如禾如稻兮여 國之精糧이요 世之大寶로다
여화여도혜 국지정량 세지대보

如蒿如草兮여 耕者憎嫌하고 鋤者煩惱–니라
여호여초혜 경자증혐 서자번뇌

他日面墻에 悔之已老로다
타일면장 회지이노

【풀이】 휘종황제가 말하기를, 「배운 사람은 묘나 벼와 같고 배우지 않은 사람은 쑥이나 풀과 같다. 모나 벼와 같음이여, 나라의 좋은 양식이요 세상의 큰 보배로다. 쑥이나 풀과 같음이여, 밭 가는 이가 싫어하고 김 매는 이가 귀찮아한다. 훗날 담을 면(面)한 듯 답답함에 뉘우쳐도 이미 늙었으리라.」

주 • 휘종황제(徽宗皇帝) ⇨ 북송(北宋)의 제 8대 임금. 신법당(新法黨)을 등용, 글씨나 그림에 조예가 높았으며 고금(古今)의 서화를 모아선

화서화보(宣化書畵譜)를 만들었다. •혜(兮)⇨어조사(語助辭)로서 '이여'. •정량(精糧)⇨좋은 양식. •호(蒿)⇨쑥. •증혐(憎嫌)⇨싫어하는 것. •서자(鋤者)⇨서(鋤)는 호미의 뜻. 김매는 사람. •번뇌(煩惱)⇨마음이 괴로운 것. •타일(他日)⇨뒷날, 훗날.

論語에 曰學如不及이요 惟恐失之니라
논어 왈학여불급 유공실지

【풀이】 논어에 이르기를, 「배우기를 다하지 못한 것 같이 하고, 오직 배운 것을 잃을까 두려워 할것이니라.」

주 •논어(論語) ⇨ 사서(四書)의 하나. 공자의 언행(言行)을 기록한 책.

訓子篇
훈자편

♧ 자식에 대한 책임은 부모가 져야 한다. 자식을 기르는 사람은 마땅히 그 자식을 가르치지 않으면 안된다. 아무리 많은 재산을 물려준다 하더라도 그것은 마치 뜬 구름과 같아서 오늘 있다가도 내일은 없어질 수도 있다. 그러나 가르침은 영원

한 것이다. 가르치는 것만이 자식의 앞날을 위한 가장 빛나는 유산이다.

景行錄에 云賓客不來門戶俗하고 詩書無敎子孫愚니라
경 행 록 운 빈 객 불 래 문 호 속 시 서 무 교 자 손 우

【풀이】 경행록에 이르기를, 「손님이 오지 않으면 집안이 천박해지고 시서(詩書)를 가르치지 않으면 자손이 어리석어진다.

주 • 빈객(賓客)⇨손님. • 문호(門戶)⇨집안. • 속(俗)⇨속됨. 천박함. • 시서(詩書)⇨서(書)는 긴 문장을 말함. 시(詩) 또는 글. • 우(愚)⇨어리석음.

莊子-曰 事雖小나 不作이면 不成이오 子雖賢이나 不敎면 不明이니라
장 자 왈 사 수 소 부 작 불 성 자 수 현 불 교 불 명

【풀이】 장자가 말하기를, 「일이 비록 작다 하더라도 하지 않으면 이루지 못하고 자식이 비록 어질다 하더라도 가르치지 않으면 현명(賢明)하지 못하니라.」

漢書에 云黃金滿籯이 不如教
한 서 　운 황 금 만 영 　불 여 교

子一經이요 賜子千金이 不如
자 일 경 　사 자 천 금 　불 여

教子一藝니라
교 자 일 예

【풀이】 한서에 이르기를, 「황금이 상자에 가득 차 있다 하더라도 자식에게 경서(經書) 한 권을 가르치는 것만 같지 못하고 자식에게 천금(千金)을 물려 준다 하더라도 기술 한 가지를 가르치는 것만 같지 못하니라.」

주 • 한서(漢書)⇨전한(前漢)의 고조(高祖)에서 왕망(王莽)까지 229년동안의 역사를 기록한 책. 반표(班彪)가 시작한 것을 반고(班固)가 대성(大成)하고 그의 누이 반소(班昭)가 보수(補修)했음. • 영(籯)⇨상자. • 경(經)⇨경서(經書). • 사(賜)⇨준다는 뜻.

至樂은 莫如讀書요 至要는 莫
지 락 　막 여 독 서 　지 요 　막

如教子ㅡ니라
여 교 자

【풀이】 지극한 즐거움은 책을 읽는 것만 같음이 없고 가장 필요한 것은 자식을 가르치는 것만 같음이 없다.

呂滎公이 曰內無賢父兄하고
여 영 공 왈 내 무 현 부 형

外無嚴師友而能有成者가 鮮
외 무 엄 사 우 이 능 유 성 자 선

矣니라
의

【풀이】 여영공이 말하기를, 「안으로 어진 어버이와 형이 없고 밖으로 엄한 스승과 벗이 없이 능히 성취(成就)한 사람은 드물다.」

주 • 여영공(呂滎公) ⇨ 이름은 희철(希哲), 영(滎)은 시호이며, 북송(北宋)의 학자이다. • 성(成) 이룬다는 뜻.

太公이 曰男子失教면 長必頑
태 공 왈 남 자 실 교 장 필 완

愚하고 女子失敎면 長必麁疎니라
우 여자실교 장필추소

【풀이】 태공이 말하기를, 「남자가 가르침을 받지 못하면 자라서 반드시 미련하고 어리석어지며, 여자가 가르침을 받지 못하면 자라서 반드시 거칠고 솜씨가 없느니라.」

주 • 실교(失敎) ⇨ 가르침을 잃는다. 가르침을 받지 못한다. • 완우(頑愚) ⇨ 미련하고 어리석어짐. • 추소(麁疎) ⇨ 추(麁)는 거칠다는 뜻. 소(疎)는 세심하지 못하다는 뜻임.

男年長大어든 莫習樂酒하고 女年長大어든 莫令遊走니라
남년장대 막습악주 여년장대 막령유주

【풀이】 남자가 자라나거든 풍류나 술을 배우지 말도록 하고 여자가 자라나거든 놀러나가지 말게 하라.

嚴父는 出孝子하고 嚴母는 出孝女니라
엄부 출효자 엄모 출효녀

【풀이】 엄한 아버지는 효자를 길러내고 엄한어머니는 효녀를 길러낸다.

憐兒어든 **多與棒**하고 **憎兒**어든
련 아 다 여 봉 증 아

多與食하라
다 여 식

【풀이】 자식을 사랑하거든 매를 많이 때리고 자식을 미워하거든 밥을 많이 주라.

주 • 연(憐)⇨사랑함. • 증(憎)⇨미워함. • 여(與)⇨준다, 한다는 뜻. • 봉(棒)⇨몽둥이를 뜻함, 매를 때리는 것.

人皆愛珠玉이나 **我愛子孫賢**
인 개 애 주 옥 아 애 자 손 현

이니라

【풀이】 남은 모두 귀중한 주옥(珠玉)을 사랑하지만 나는 자손이 어진 것을 사랑하노라.

省心篇〈上〉
성 심 편 (상)

♧ 인간 본연의 양심과 자세를 지키기 위해서는 항상 성찰하는 것이 중요하다. 자기 자신을 되돌아보고 반성할 수 있는 기회를 갖는 것이야말로 우리가 바른 길을 갈 수 있는 유일한 지름길이다. 사람은 성찰(省察)에 의하여 점진적인 발전을 가져오게 되며 보다 큰 일을 이룩할 수가 있게 된다.

景行錄에 云寶貨는 用之有盡이요 忠孝는 享之無窮이니라
경행록 운보화 용지유진 충효 향지무궁

【풀이】 경행록에 이르기를, 「보화(寶貨)는 쓰면 다함이 있으나 충효는 누려도 다함이 없도다.」

家和貧也好어니와 不義富如何오 但存一子孝면 何用子孫
가화빈야호 불의부여하 단존일자효 하용자손

多리오
다

【풀이】 집안이 화목하면 가난해도 좋거니와 의롭지 아니하다면 부자인들 무엇하랴. 다만 효도하는 자식이 한 명 뿐이라면 자손이 많아서 무엇하랴.

父不憂心因子孝요 夫無煩惱是妻賢이라 言多語失皆因酒요 義斷親疎只爲錢이라
부불우심인자효 부무번뇌시처현 언다어실개인주 의단친소지위전

【풀이】 아버지에게 근심이 없음은 자식이 효도하기 때문이요, 남편에게 번뇌가 없는 것은 아내가 어진 탓이다. 말이 많아 말에 실수하는 것은 다 술 때문이요, 의가 끊어지고 친한 것이 멀어지는 것은 오직 돈 때문이다.

주 • 우심(憂心)⇨근심하는 것. • 번뇌(煩惱)⇨근심하여 마음이 괴로운 것. • 어실(語失)⇨말에 실수를 하는 것. • 친소(親疎)⇨친분이 멀어지는 것. • 지(只)⇨다만, 오직.

既取非常樂이어든 須防不測憂니라
기 취 비 상 락 수 방 불 측 우

【풀이】 이미 흔하지 않은 즐거움을 취했거든 모름지기 헤아릴 수 없는 근심을 방비할 것이니라.

주 • 비상(非常)⇨보통이 아닌 것. 흔하지 않은 것. • 수(須)⇨모름지기. • 방(防)⇨방비하는 것. • 불측우(不測憂)⇨헤아릴 수 없는 근심.

得寵思辱하고 居安慮危니라
득 총 사 욕 거 안 려 위

【풀이】 사랑을 받을 때 욕됨을 생각하고, 편안하게 지낼 때 위태함을 생각하라.

榮輕辱淺하고 利重害深이니라
영 경 욕 천 이 중 해 심

【풀이】 영화가 가벼우면 욕됨이 얕고, 이로움이 무거우면 해로움도 깊다.

甚愛必甚費요 甚譽必甚毁요
심 애 필 심 비 심 예 필 심 훼

甚喜必甚憂요 甚贓必甚亡이니라
심 회 필 심 우 심 장 필 심 망

【풀이】 사랑함이 지나치면 반드시 심한 낭비를 가져오고, 칭찬받음이 지나치면 반드시 심한 질투를 가져온다. 기뻐함이 지나치면 반드시 심한 근심을 가져오고, 뇌물 탐함이 지나치면 반드시 심한 멸망을 가져온다.

주 • 비(費)⇨허비하다. 낭비하다. • 예(譽)⇨명예, 칭찬하는 것. • 장⇨뇌물을 받는 것.

子-曰 不觀高崖면 何以知
자 왈 불 관 고 애 하 이 지

顚墜之患이며 不臨深泉이면 何
전 추 지 환 불 림 심 천 하

以知沒溺之患이며 不觀巨海면
이 지 몰 익 지 환 불 관 거 해

何以知風波之患이리오
하 이 지 풍 파 지 환

【풀이】 공자가 말하기를, 「높은 낭떠러지를 보지 않으면 어찌 굴러떨어지는 환난(患難)을 알며, 깊은 못에 가지 않으면 어찌 빠져 죽는 환난을 알며, 큰 바다를 보지 않으면 어찌 풍파(風波)의 환난을 알것인가.」

주 • 고애(高崖) ⇨ 높은 낭떠러지. • 전추(顚墜) ⇨ 굴러 떨어짐. • 임(臨) ⇨ 임한다. 간다. • 몰익(沒溺) ⇨ 물에 빠지는 것.

欲知未來인대 **先察已然**이니라
욕 지 미 래 　 선 찰 이 연

【풀이】 앞으로 다가올 일을 알려거든 먼저 지나간 일을살펴보라.

子－曰明鏡은 **所以察形**이오
자 　 왈 명 경 　 소 이 찰 형

往者는 **所以知今**이니라
왕 자 　 소 이 지 금

【풀이】 공자가 말하기를, 「밝은 거울은 모양을 살필 수 있고, 지나간 일은 이제를 아는 길이다.」

過去事는 如明鏡이요 未來事는
과거사 여명경 미래사
暗似漆이니라
암사칠

【풀이】 지나간 일은 밝은 거울 같고, 미래의 일은 칠흑(漆黑) 같은 어둠과 같다.

景行録에 云明朝之事를 薄
경행록 운명조지사 박
暮에 不可必이요 薄暮之事를
모 불가필 박모지사
晡時에 不可必이니라
포시 불가필

【풀이】 경행록에 이르기를, 「내일 아침의 일을 오늘 저녁 무렵에 꼭 알지 못할 것이요, 저녁녘의 일을 포시 (晡時)에도 꼭 알지 못할 것이다.」

주 • 박모(薄暮) ⇨ 저녁 때. • 불가필(不可必) ⇨ 기필(期必)할 수 없다는 것. • 포시(晡時) ⇨ 신시(申時), 오후 네 시 쯤을 말함.

天有不測風雨하고 人有朝夕
천유불측풍우 인유조석

禍福이니라
화 복

【풀이】 하늘에는 헤아릴 수 없는 비와 바람이 있고, 사람에게는 아침 저녁으로 화(禍)와 복(福)이 있다.

未歸三尺土하얀 難保百年身
미 귀 삼 척 토 난 보 백 년 신

이요 已歸三尺土하얀 難保百年
이 귀 삼 척 토 난 보 백 년

墳이니라
분

【풀이】 석 자 흙 속(무덤)으로 돌아가지 아니하고서는 백 년동안 몸을 보전하기 어렵고, 이미 석 자 흙 속으로 돌아가선 백 년 동안 무덤을 보전키 어렵도다.

주 • 삼척토(三尺土)⇨석 자의 흙. 석 자 되는 무덤 속. • 난보(難保)⇨보전하기 어려움.

景行録에 云木有所養則根
경 행 록 운 목 유 소 양 즉 근

本固而枝葉茂하야 **棟樑之材成**하고 **水有所養則泉源壯而流派長**하야 **灌漑之利博**하고 **人有所養則志氣大而識見明**하야 **忠義之士出**이니 **可不養哉**아
본고이지엽무 동량지재성 수유소양즉천원장이유파장 관개지이박 인유소양즉지기대이식견명 충의지사출 가부양재

【풀이】 경행록에 이르기를, 「나무를 잘 기르면 뿌리가 튼튼하고 가지와 잎이 무성하여 동량(棟樑)의 재목을 이루고, 물을 기르면 근원이 풍부하고 흐름이 길어서 관개(灌漑)의 이익이 널리 베풀어지고, 사람을 기르면 지기(志氣)가 크고 식견(識見)이 밝아져서 충의(忠義)의 선비가 나온다. 어찌 기르지 아니할 것인가.」

주 • 유소양(有所養)⇨기르는 바 있으면, 기르면. • 무(茂)⇨ 무성한것. • 동량지재(棟樑之材)⇨기둥과 대들보를 만들 수 있는 좋은 재목. • 천원(泉源)⇨물의 근원. • 관개(灌漑)⇨전답(田沓)에 물을 대는 것. • 지기(志氣)⇨뜻. • 식견(識見)⇨알고 보는 것. • 가불양재(可不養哉)⇨기르지 않을 수 있겠는가?

自信者는 人亦信之하나니 吳越이
자신자 인역신지 오월

皆兄弟요 自疑者는 人亦疑之
개형제 자의자 인역의지

하나니 身外－皆敵國이니라
신외 개적국

【풀이】 스스로를 믿는 사람은 남도 또한 믿기 때문에 오월(吳越)도 형제가 될 수 있고, 스스로를 믿지아니하는 자는 남도 또한 믿지 않으므로 자기 이외에는 모두 적국(敵國)이 되느니라.

주 • 오월(吳越) ⇨ 전국시대에 있었던 오나라와 월나라를 말함. • 신외(身外) ⇨ 자기 이외의 사람이나 국가.

疑人莫用하고 用人勿疑니라
의인막용 용인물의

【풀이】 사람을 믿지 아니하거든 쓰지 말고 사람을 쓰거든 의심하지 말라.

諷諫에 云水底魚天邊雁은 高
풍간 운수저어천변안 고

可射兮低可釣어니와 惟有人心
가 사 혜 저 가 조 유 유 인 심

咫尺間에咫尺人心不可料니라
지 척 간 지 척 인 심 불 가 료

【풀이】 풍간에 이르기를, 「물 속 깊이 있는 고기와 하늘 높이 떠 다니는 기러기는 높은 데 있는 것은 활로 쏘고 낮은 데 있는 것은 낚을 수 있으나, 오직 사람의 마음은 바로 가까운데 있음에도 헤아릴 수 없도다.」

주 • 풍간(諷諫)⇨책 이름. • 수저(水底) 물 속. • 천변(天邊)⇨하늘가. • 가사(可射)⇨쏠 수 있다. • 가조(可釣)⇨낚을 수 있다. • 지척 (咫尺)⇨극히 가까운 거리. • 요(料)⇨헤아린다.

畵虎畵皮難畵骨이요 知人知
화 호 화 피 난 화 골 지 인 지

面不知心이니라
면 부 지 심

【풀이】 호랑이를 그리되 가죽은 그릴 수 있으나 뼈는 그리기 어렵고,사람을 알되 얼굴은 알지만 그 마음은 알 수 없느니라.

주 • 화골(畵骨)⇨뼈의 그림. 즉, 뼈를 그리는 것. • 불지심(不知心) ⇨마음을 알지 못함.

對面共話하되 心隔千山이니라
대 면 공 화　　심 격 천 산

【풀이】 얼굴을 마주하고 서로 이야기는 하되 마음은 천산(千山)을 사이에 둔 것처럼 멀리 떨어져 있다.

海枯終見底나 人死不知心이니라
해 고 종 견 저　　인 사 부 지 심

【풀이】 바다는 마르면 마침내 그 바닥을 볼 수 있으나, 사람은 죽어도 그 마음은 알지 못한다.

太公이 曰凡人은 不可逆相이요
태 공　왈 범 인　불 가 역 상

海水는 不可斗量이니라
해 수　불 가 두 량

【풀이】 태공이 말하기를, 「무릇 사람은 일을 헤아릴수없고 바닷물은 말로서 될 수 없다.」

景行録에 云結怨於人은 謂之
경 행 록　운 결 원 어 인　위 지

種禍요 **捨善不爲**는 **謂之自賊**이라
종화 사선불위 위지자적

【풀이】 경행록에 이르기를, 「남과 원수를 맺는 것은 곧 재앙의 씨를 심는 것이며 선을 버리고 행하지 않는 것은 스스로를 해치는 것이니라.」

주 • 결원(結怨)⇨원수를 맺는 것. • 종화(種禍)⇨재앙의 씨앗을 심는 것. • 사선(捨善)⇨선을 버리는 것. • 불위(不爲)⇨하지 않는 것. • 자적(自賊)⇨스스로를 해침.

若聽一面說이면 **便見相離別**이니라
약청일면설 편견상이별

【풀이】 만약 한편 말만 들으면 머지않아 친한 사이가 멀어짐을 볼 것이다.

飽煖엔 **思淫慾**하고 **飢寒**엔 **發**
포난 사음욕 기한 발

道心이니라
도 심

【풀이】 배부르고 따사로움 속에서 음탕한 욕심이 생기고, 굶주리고 추운 데서 바른 마음이 싹튼다.

주 • 음욕(淫慾)⇨음탕한 욕심•도심(道心)⇨도덕의 마음, 즉 바른마음.

疏廣이 曰賢人多財則損其志하고 愚人多財則益其過니라
소 광 왈 현 인 다 재 즉 손 기 지 우 인 다 재 즉 익 기 과

【풀이】 소광이 말하기를, 「어진 사람이 재물이 많으면 그 지조(志操)를 잃고 어리석은 사람이 재물이 많으면 그 허물을 더하니라.」

주 • 소광(疏廣)⇨전한(前漢) 선제(宣帝) 때 사람. 태자의 태부(太傅)로 있다가 나이가 많아 사퇴하게 되니 선제(宣帝)와 태자가 많은 재물(財物)을 내렸다. 그는 그 많은 재물들을 하나도 남김 없이 옛 친구들에게 나누어 주었다. 어떤 사람이 그에게 재물을 두었다가 자손들에게 남겨주기를 권하자 그는 바로 이와같은 말로서 대답하였다고 한다. •손기지(損其志)⇨그 지조를 잃는것. •익기과(益其過)⇨그 허물을 더한다.

人貧智短하고 福至心靈이니라
인 빈 지 단 복 지 심 령

【풀이】 사람이 너무 가난하면 지혜가 짧아지고 복이 이르면 마음이 밝아진다.

주 • 지단(智短)⇨지혜가 짧아짐. • 심령(心靈)⇨영(靈)은 신령하다는 뜻. 마음이 밝아지는 것.

不經一事면 不長一智니라
불 경 일 사 불 장 일 지

【풀이】 한 가지 일을 경험하지 아니하면 한 가지 지혜가 자라지 않는다.

是非終日有라도 不聽自然無니라
시 비 종 일 유 불 청 자 연 무

【풀이】 종일토록 시비가 있더라도 듣지 않으면 저절로 사라진다.

來說是非者는 便是是非人이니라
내 설 시 비 자 변 시 시 비 인

【풀이】 찾아와서 시비(是非)를 이야기하는 자는 이것이

바로 시비하는 사람이다.

주 • 변시(便是)⇨이것이 바로.

擊壤詩에 云平生에 不作皺眉事하면 世上에 應無切齒人이니 大名을 豈有鐫頑石가 路上行人이 口勝碑니라
격양식 운평생 부작추미사 세상 응무절치인 대명 기유전완석 로상행인 구승비

【풀이】 격양시에 이르기를, 「평생에 눈을 찌푸릴 일을 하지 않으면 세상에 이를 갈 사람이 없을 것이다. 큰이름을 어찌 뜻없는 돌에 새길 것인가. 길 가는 사람의 입이 비(碑)보다 나으니라.」

주 • 추미(皺眉)⇨눈을 찌푸린다는 뜻. 즉 눈섭을 찌푸리는 것. • 응(應)⇨마땅히. • 절치(切齒)⇨이를 가는 것. • 완석(頑石)⇨완(頑)은 완고하다는 뜻으로서, 즉 미련한 돌, 뜻없는 돌. • 전(鐫)⇨새기다. • 구승비(口勝碑)⇨입이 비를 이긴다. 또는 입이 비보다 낫다는 뜻.

有麝自然香이니 何必當風立고
유사자연향 하필당풍립

【풀이】 사향(麝香)을 가지고 있으면 저절로 향기를 풍긴다. 어찌 반드시 바람을 맞아야만 향기롭겠는가.

有福莫享盡하라 福盡身貧窮
유 복 막 향 진 복 진 신 빈 궁

이요 有勢莫使盡하라 勢盡冤相
유 세 막 사 진 세 진 원 상

逢이니라 福兮常自惜하고 勢兮
봉 복 혜 상 자 석 세 혜

常自恭하라 人生驕與侈는 有
상 자 공 인 생 교 여 치 유

始多無終이니라
시 다 무 종

【풀이】 복이 있다 해도 다 누리지 말라. 복이 다하면 몸이 궁색해지리라. 권세가 있다 해도 마구 부리지 말라. 권세가 다하면 원수와 서로 만나게되느니라. 복이 있으면 항상 스스로 아끼고 권세가 있으면 항상 스스로 겸손하라. 사람에 있어서 교만과 사치는 처음은 있으나결코 나중은 없는 것이다.

주 • 막향진(莫享盡)⇨다 누리지 말라. • 막사진(莫使盡)⇨다 부리지 말

라. • 원상봉(冤相逢)⇨원수와 서로 만난다. • 자석(自惜)⇨스스로 아끼는 것. •교여치(驕與侈)⇨교만과 사치. • 다무종(多無終)⇨끝이 없는 것이 많다. 결코 나중이 없는 것.

王參政四留銘에 曰留有餘不盡之巧하야 以還造物하고 留有餘不盡之祿하야 以還朝廷하고 留有餘不盡之財하야 以還百姓하고 留有餘不盡之福하야 以還子孫이니라

왕참정사유명 왈유유여부진지교 이환조물 유유여부진지록 이환조정 유유여부진지재 이환백성 유유여부진지복 이환자손

【풀이】 왕참정 사유명에 이르기를, 「여유를 두어 재주를 다 쓰지 아니하였다가 조물주에게 돌려주고, 여유를 두어 봉록(俸祿)을 다 쓰지 아니하였다가 조정에 돌려주고, 여유를 두어 재물을 다 쓰지 아니하였다가 백성에

게 돌려주며, 여유를 두어 복을 다 누리지 아니하였다가 자손에게 돌려주라.」

주 • 왕참정(王參政)⇨이름은 단(旦), 북송(北宋) 진종(眞宗) 때 정치가. 사류명(四留銘)이란 「네 가지, 남겨둠」에 대한 명문(銘文). • 교(巧)⇨ 재주.

黃金千兩이 未爲貴요 得人一語ㅡ勝千金이니라
황금천량 미위귀 득인일어 승천금

【풀이】 황금 천냥이 귀한 것이 아니며, 사람의 좋은 말한마디 듣는 것이 천금(千金)보다 낫느니라.

巧者는 拙之奴요 苦者는 樂之母니라
교자 졸지노 고자 낙지모

【풀이】 재주 있는 사람은 재주 없는 사람의 종이요 괴로움은 즐거움의 근본이니라.

주 • 교자(巧者)⇨재주 있는 사람. • 졸자(拙者)⇨졸렬(拙劣) 한 사람. 즉 재주 없는 사람.

小船은 難堪重載요 深逕은 不宜獨行이니라
소선 난감중재 심경 불의독행

【풀이】 작은 배는 무겁게 싣는 것을 견디기 어렵고, 으슥한 길은 혼자 다니기에 좋지 않다.

주 • 중재(重載) ⇨ 무겁게 싣는 것. • 난감(難堪) ⇨ 견디기 어려운 것. 심경(深逕) ⇨ 으슥한 길.

黃金이 未是貴요 安樂이 値錢多니라
황금 미시귀 안락 치전다

【풀이】 황금이 귀한 것이 아니라, 안락함이 보다 값 많은 것이다.

在家에 不會邀賓客이면 出外에 方知少主人이니라
재가 불회요빈객 출외 방지소주인

【풀이】 집에 있으면서 손님을 맞아 대접할 줄 모르면 밖에 나갔을 때에 비로소 주인이 적음을 알 것이니라.

주 • 불회(不會)⇨알지 못하는 것. • 요(邀)⇨맞이하는 것. • 빈객(賓客)⇨손님.

貧居鬧市無相識이요 富住深山有遠親이니라
빈거요시무상식 부주심산유원친

【풀이】 가난하게 살면 번화한 시장 거리에 살아도 서로 아는 사람이 없을 것이요, 부유하게 살면 깊은 산속에 살아도 먼 데서 찾아오는 친구가 있느니라.

주 • 빈거(貧居)⇨가난하게 사는 것. • 요시(鬧市) ⇨ 번화한 시장거리• 원친(遠親)⇨먼 곳의 친구. 먼 데서 찾아오는 친구.

人義는 盡從貧處斷이요 世情은 便向有錢家니라
인의 진종빈처단 세정 변향유전가

【풀이】 사람의 의리는 다 빈한한 데서 끊어지고 세상의 인

정(人情)은 모름지기 돈 있는 집으로 쏠린다.

寧塞無底缸이언정 難塞鼻下橫이니라
녕색무저항 난색비하횡

【풀이】 차라리 밑 빠진 항아리는 막을 수 있지만 코 아래 가로놓인 것(입)은 막기 어렵다.

人情은 皆爲窘中踈니라
인정 개위군중소

【풀이】 사람의 정은 다 군색한 가운데서 멀어지게 된다.

史記에 曰郊天禮廟는 非酒不享이요 君臣朋友는 非酒不義요 鬪爭相和는 非酒不勸이라 故로
사기 왈교천예묘 비주불향 군신붕우 비주불의 투쟁상화 비주불권 고

酒有成敗而不可泛飮之니라
주 유 성 패 이 불 가 범 음 지

【풀이】 사기에 이르기를, 「하늘에 교제(郊祭)지내고 사당에 제례 올릴 때에도 술이 없으면 흠향치 않을 것이요, 임금과 신하, 친구와 친구 사이에도 술이 아니면 의리가 돈독해지지 않을 것이요, 싸움을 하고 서로 화해함에도 술이 아니면 권하지 못할 것이다. 그러므로 술에는 성취와 실패가 있어 함부로 마시지 못할 것이니라.」

주 • 사기(史記)⇨전한(前漢) 무제(武帝) 때 사마천(司馬遷)이 황제(黃帝)로부터 한무제(漢武帝) 때까지 약 3천년 동안의 중국 역사를 기록한 사서(史書)임. • 교(郊) ⇨ 교사(郊祀)를 뜻함. • 묘(廟)⇨선조(先祖)의 위패(位牌)를 모신 사당. • 향(享)⇨귀신이 받아 먹는 것. 흠향한다고 함. • 상화(相和)⇨서로 화해하는 것. • 범음지(泛飮之) ⇨ 함부로 마시는 것.

子－曰 士志於道而恥惡衣
자 왈 사 지 어 도 이 치 악 의

惡食者는 **未足與議也**이니라
악 식 자 미 족 여 의 야

【풀이】 공자가 말하기를, 「선비가 도(道)에 뜻을 두면서

나쁜 옷과 나쁜 음식을 부끄러워하는 자는 가히 더불어 의논할 것이 못된다.」

주 • 지어도(志於道) ⇨ 도(道)에 뜻을 두는 것. • 악의악식(惡衣惡食) ⇨ 좋지 않은 옷을 입고 좋지 않은 음식을 먹는것.

荀子 – 曰 士有妬友則賢交
순자 왈 사유투우즉현교

不親하고 君有妬臣則賢人不
불친 군유투신즉현인부

至니라
지

【풀이】 순자가 말하기를, 「선비가 벗을 시기하는 일이 있으면 어진 벗과 친할 수 없고 임금이 신하를 시기하는 일이 있으면 어진 신하를 가질 수 없다.」

주 • 투우(妬友) ⇨ 벗을 시기한다. • 투신(妬臣) ⇨ 신하를 시기한다.

天不生無祿之人하고 地不長
천불생무록지인 지부장

無名之草이니라
무명지초

【풀이】 하늘은 먹을 것 없는 사람을 내지 않고 땅은 이름 없는 풀을 기르지 않는다.

大富(대부)는 由天(유천)하고 小富(소부)는 由勤(유근)이니라

【풀이】 큰 부자는 하늘에 달려 있고 작은 부자는 근검한 데 달려 있다.

成家之兒(성가지아)는 惜糞如金(석분여금)하고 敗家之兒(패가지아)는 用金如糞(용금여분)이니라

【풀이】 집을 이룰 아이는 똥을 아끼기를 금 같이 하고, 집을 망칠 아이는 돈 쓰기를 똥과 같이 한다.

康節邵先生(강절소선생)이 曰閑居(왈한거)에 愼勿(신물)

說無妨하라 纔說無妨便有妨
설 무 방 재 설 무 방 변 유 방

이니라 爽口勿多能作疾이요 快心
상 구 물 다 능 작 질 쾌 심

事過必有殃이라 與其病後能
사 과 필 유 앙 여 기 병 후 능

服藥으론 不若病前能自防이니라
복 약 불 약 병 전 능 자 방

【풀이】 강절 소 선생이 말하기를, 「편안하고 한가롭게 살 때 모름지기 걱정할 것이 없다고 말하지 말라. 겨우 걱정할 것이 없다는 말이 입을 나오기가 무섭게 문득 걱정거리가 생기리라. 입에 맞는 음식이라고 해서 많이 먹으면 병이 될것이요, 마음에 기쁜 일이라고 해서 지나치게 하면 반드시 재앙이 따르리라. 병이 난 후에 약을 먹는 것보다는 병이 나기에 앞서 스스로 예방함만 같지 못하니라.」

주 • 한거(閑居)⇨한가롭게 지내는 것. • 물설(勿說)⇨말하지 말라. • 재(纔)⇨겨우. • 물다(勿多)⇨많이 하지 말라. • 작질(作疾)⇨ 병을 만든다. • 쾌심(快心)⇨마음에 기쁜 것. • 사과(事過)⇨일이 지나친 것. • 자방(自防)⇨스스로 방비한다. 스스로 지킨다.

梓童帝君垂訓에 曰妙藥이 難
자동제군수훈 왈묘약 난

醫冤債病이요 橫財는 不富命
의원채병 횡재 불부명

窮人이야 生事事生을 君莫怨
궁인 생사사생 군막원

하고 害人人害를 汝休嗔하라 天
해인인해 여휴진 천

地自然皆有報하니 遠在兒孫
지자연개유보 원재아손

近在身이니라
근재신

【풀이】 자동제군의 가르침에 이르기를, 「신묘(神妙)한약이라 할지라도 원한의 병은 고치기 어렵고, 뜻밖에 생기는 재물도 운수가 없는 사람에게는 부자가 되게하지 못한다. 일을 생기게 하고 나서 일이 생기는 것을 원망하지 말고, 남을 해치고 나서 남이 해치는 것을 화내지 말라. 천지간(天地間)의 모든 일은 다 응보(應報)가있나니 멀면 자손에게 있고 가까우면자기몸에있느니라.」

주 • 자동제군(梓童帝君)⇨도가(道家)에 속하는 사람의 이름. • 난의(難醫)⇨고치기 어렵다. • 원채병(冤債病)⇨원한의 병. • 횡재(橫財)⇨뜻밖에 얻은 재물. • 명궁인(命窮人)⇨운수가 없는 사람. • 생사(生事)⇨일이 생기게 하는 것. 쉽게 말해서 일을 만드는 것. • 해인(害人)⇨남을 해치는 것. • 인해(人害)⇨남이 나를 해치는 것. • 휴진(休嗔)⇨화내지 말라.

花落花開開又落하고 錦衣布衣更換着이라 豪家未必常富貴요 貧家未必長寂寞이라 扶人未必上青霄요 推人未必塡邱壑이라 勸君凡事를 莫怨天하라 天意於人에 無厚薄이니라

화락화개개우락 금의포의갱환착 호가미필상부귀 빈가미필장적막 부인미필상청소 추인미필전구학 권군범사 막원천 천의어인 무후박

【풀이】 꽃은 지었다 피고 피었다 또 진다. 비단옷도 다시 베옷으로 바꿔 입는다. 호화로운 집이라고 해서 반드시

언제나 부귀하는 것이 아니요, 가난한 집이라고 해서반드시 언제까지나 적막하지는 않다. 사람의 도움을 받는다해도 반드시 하늘에 올라가지 못할 것이요, 사람을 밀어뜨린다고해서 반드시 깊은 구렁에 굴러 떨어지지는않을 것이다. 권고하노니 모름지기 일에 있어서 하늘을 원망치 말라. 하늘의 뜻은 본디 후하고 박함의 차별을 두지 않았느니라.

주 • 개우락(開又落)⇨피었다간 또 진다. • 갱(更)⇨다시. • 환착(換着)⇨갈아입는 것. • 호가(豪家)⇨호화스런 집. • 장적막(長寂寞)⇨언제까지나 적막한 것. • 부인(扶人)⇨사람을 붙들어 올리는 것. 즉 사람의 도움을 받는것. • 청소(靑霄) ⇨푸른 하늘. • 추인(推人)⇨사람을 밀어뜨리는 것. • 전(塡)⇨굴러 떨어지는 것. • 구학(邱壑)⇨구렁텅이.

堪歎人心毒似蛇라 誰知天
감 탄 인 심 독 사 사 수 지 천

眼轉如車요 去年妄取東隣
안 전 여 차 거 년 망 취 동 인

物터니 今日還歸北舍家이라 無
물 금 일 환 귀 북 사 가 무

義錢財湯潑雪이요 儻來田地
의 전 재 탕 발 설 당 래 전 지

水推沙니라 若將狡譎爲生計
수 추 사 약 장 교 휼 위 생 계

면 恰似朝雲暮落花이라
흡 사 조 운 모 락 화

【풀이】 사람의 마음이 독하기가 뱀과 같음을 한탄하여 마지 않는다. 누가 하늘의 눈이 수레바퀴처럼 돌아가고 있음을 알것인가. 지나간 해에 망녕되게 동녘이웃의 물건을 가져왔더니 오늘엔 어느덧 북녘 집으로 돌아갔구나. 불의(不義)로 가진 재물은 끓는 물에 던져진 눈이요, 뜻밖에 얻어진 논밭은 물에 밀려온 모래와 같다. 만약 교활한 꾀로 생활하는 수단을 삼는다면 그것은 마치 아침에 피어오른 구름이나 저녁에 지는 꽃잎과 같은 것이다.

주 • 감탄(堪歎)⇨한탄하여 마지않는다. • 독사사(毒似蛇)⇨독한 것이 뱀과 같다. •천안(天眼)⇨하늘의 눈 • 전여차 (轉如車)⇨수레바퀴처럼 돌아가고 있다는 것. • 망취(妄取)⇨망녕되게 가지는 것. •환귀(還歸)⇨돌아간다. •탕발설(湯潑雪)⇨끓는 물에 던져진 눈. • 당래(儻來)⇨뜻밖에 얻어진. •수추사(水推沙)⇨물에 밀린 모래. • 교휼(狡譎)⇨교활한 것.

無藥可醫卿相壽요 有錢難
무 약 가 의 경 상 수 유 전 난

買子孫賢이니라
매 자 손 현

【풀이】 재상의 수명은 약으로 고칠수 없으며 자손의 현철(賢哲)함은 돈으로 사지 못한다.

一日淸閑一日仙이니라
일 일 청 한 일 일 선

【풀이】 하루라도 마음이 깨끗하고 한가로우면 그 하루는 신선이 되는 것이다.

省心篇〈下〉
성 심 편 (하)

♧ 자기 자신을 반성할 줄 모르는 사람은 결코 하늘로부터 부여받은 양심과 성품을 지킬 수가 없다. 올바른 생각을 가지고 올바른 행동을 이끌어가는 것은 바로 양심과 성품을 지킬 수 있을 때에 가능해진다. 그러므로 우리는 항상 자신의 일거수일투족(一擧手一投足)을 헤아려보고 반성하면서 생각과 행동을 깨끗이 할 줄 알아야겠다.

眞宗皇帝御製에 曰知危識
진 종 황 제 어 제　　왈 지 위 식

險이면 終無羅網之門이요 擧善
험　　종무라망지문　거선

薦賢이면 自有安身之路라 施
천현　　자유안신지로　시

仁布德은 乃世代之榮昌이요
인포덕　　내세대지영창

懷妬報冤은 與子孫之爲患이라
회투보원　여자손지위환

損人利己면 終無顯達雲仍이요
손인이기　종무현달운잉

害衆成家면 豈有長久富貴리요
해중성가　기유장구부귀

改名異體는 皆因巧語而生이요
개명이체　개인교어이생

禍起傷身은 皆是不仁之召니라
화기상신　개시불인지소

【풀이】 진종황제의 어제에 이르기를, 「위태함을 알고 험함을 알면 마침내 그물에 갇히는 일이 없을 것이요, 착한 이를 가려쓰고 어진 사람을 천거하면 스스로 몸이 편

안할 것이며, 인(仁)을 베풀고 덕을 폄은 곧 대대(代代)로 번영을 가져올 것이다. 시기하는 마음을 품고 원한을 앙갚음함은 자손에게 걱정을 물려주는 것이요, 남을 해롭게 해서 자기를 이롭게 한다면 마침내 출세하는 자손이 없고, 뭇 사람을 해롭게해서 성가(成家)를 한다면 어찌 그 부귀가 오래 가겠는가. 이름을 바꾸고 몸(모습)을 다르게 함은 다 교묘한 말로 인하여 생겨나고, 재앙이 일어나고 몸이 상하게 됨은 다 어질지 못한데서 생겨나는 것이다.

주 • 진종황제(眞宗皇帝)⇨북송(北宋)의 제 3 대 황제. 전주(澶州)의 맹약(盟約)을 맺어 거란과의 오랜분쟁을 해결지었다. • 나망(羅網)⇨그물을 늘어 놓는 것. • 천현(薦賢)⇨어진 사람을 천거하는 것. • 포덕(布德)⇨덕(德)을 펴는 것. • 세대(世代)⇨대대(代代)로. • 회투(懷妬)⇨시기하는 마음을 품는 것. • 보원(報冤)⇨앙갚음을 하는 것. • 위환(爲患)⇨근심이 되는 것. • 운잉(雲仍)⇨자손. 이체(異體)⇨몸을 다르게 하는 것. • 교어(巧語)⇨교묘한 말.

神宗皇帝御製에 **曰遠非道之財**하고 **戒過度之酒**하며 **居必擇隣**하고 **交必擇友**하며 **嫉**

신종황제어제 왈원비도지재 계과도지주 거필택린 교필택우 질

妬를 勿起於心하고 讒言을 勿
투　 물기어심　　 참언　 물

宣於口하며 骨肉貧者를 莫
선어구　　 골육빈자　 막

踈하고 他人富者를 莫厚하며 克
소　　 타인부자　 막후　　 극

己는 以勤儉爲先하고 愛衆以
기　 이근검위선　　 애중이

謙和爲首하며 常思已往之非
겸화위수　　 상사이왕지비

하고 每念未來之咎하라 若依朕
　　 매념미래지구　　 약의짐

之斯言이면 治國家而可久니라
지사언　　 치국가이가구

【풀이】 신종황제의 어제에 이르기를, 「정도(正道)에 어긋나는 재물을 멀리하고, 정도(程度)에 지나치는 술을 경계하며, 반드시 이웃을 가려 살고, 벗을 가려 사귀라. 남을 시기하는 마음을 가지지 말고, 남을 헐뜯는 말을 입에 내지 말며, 가난한 동기간을 소홀히 하지 말고, 다

른 사람의 부유한 자에게 후(厚)하게 하지 말라. 자기의 욕심을 극복하는 것은 근면과 검소로써 우선 지킬 것이며, 사람을 사랑하되 겸손하고 화평함을 첫째로 삼으며 항상 지나간 날의 그릇됨을 생각하고, 또 앞날의 허물을 생각하라. 만약 나의 이 말에 따른다면 나라와 집안을 다스림이 가히 영원하리라.」

주 • 어제(御製)⇨임금이 지은 글. • 택린(擇隣)⇨이웃을 가리키는 것 • 질투(嫉妬)⇨남을 시기하는 것. • 참언(讒言)⇨남을 헐뜯는 말. • 물선어구(勿宣於口)⇨입에 베풀지 말라. 입에 내지 말라. • 골육(骨肉)⇨동기간이나 친족을 말함. • 막소(莫疎)⇨소홀히 말라. • 막후(莫厚)⇨후하게 하지 말라. •극기⇨자기 욕심을 극복하는 것. • 근검(勤儉)⇨근면하고 검소한 것. • 겸화(謙和)⇨겸손하고 화평한 것. • 위수(爲首)⇨첫째로 삼는다. • 구(咎)⇨허물. • 의(依)⇨따르다. • 사언(斯言)⇨이 말.

高宗皇帝御製에 曰一星之
고 종 황 제 어 제 왈 일 성 지

火도 能燒萬頃之薪하고 半句
화 능 소 만 경 지 신 반 구

非言도 誤損平生之德이라 身
비 언 오 손 평 생 지 덕 신

被一縷나 常思織女之勞하고
피 일 루 상 사 직 녀 지 로

日食三飧이나 每念農夫之苦
일 식 삼 손 매 념 농 부 지 고

하라 苟貪妬損은 終無十載安
구 탐 투 손 종 무 십 재 안

康하고 積善存仁이면 必有榮華
강 적 선 존 인 필 유 영 화

後裔니라 福緣善慶은 多因積
후 예 복 연 선 경 다 인 적

行而生이요 入聖超凡은 盡是
행 이 생 입 성 초 범 진 시

眞實而得이니라
진 실 이 득

【풀이】 고종황제의 어제에 이르기를,「한 점의 불티로도 능히 만경(萬頃)의 숲을 태우고, 반 마디 그릇된말로도 평생의 덕이 허물어진다. 몸에 한오라기의 실을 입었으나 항상 베 짜는 여자의 수고스러움을 생각하고, 하루 세끼의 밥을 먹거든 늘 농부의 고생함을 생각하라. 궁색하게 탐내고, 시기해서 남에게 손해를 준다면 마침내 10년의 편안함도 없을 것이요, 선(善)을 쌓고 인(仁)

을 지킨다면 반드시 후손(後孫)들에게 영화가 있으리라. 행복과 경사(慶事)는 대부분이 선행(善行)을 쌓는 데서 생겨나고, 범용(凡庸)을 초월해서 성인의 경지에 들어가는 것은 다 진실함으로서 가능해지는 것이다.」

주 • 일성(一星)⇨한 점. • 만경(萬頃)⇨극히 넓은 면적. 경(頃)은 이랑의 뜻으로서 만 이랑. • 반구(半句)⇨반 마디. 극히 짧은 말을 뜻함. • 비언(非言)⇨그른 말. • 오손(誤損)⇨그릇치고 상처를 입히는 것. • 일루(一縷)⇨한 실오라기. • 직녀(織女)⇨베짜는 여자. • 삼손(三飧)⇨세 끼의 밥. • 구탐투손(苟貪妬損)⇨궁색하게 탐내고 시기해서 남에게 손해를 입힘. • 존인(存仁)⇨인덕(仁德)을 지키는 것. • 복연(福緣)⇨행복. • 선경(善慶)⇨좋은 경사. • 입성(入聖)⇨성인의 경지로 들어가는 것.

王良(왕량)이 曰欲知其君(왈욕지기군)인대 先視其臣(선시기신)하고 欲識其人(욕식기인)인대 先視其友(선시기우)하고 欲知其父(욕지기부)인대 先視其子(선시기자)하라 君聖臣忠(군성신충)하고 父慈子孝(부자자효)이니라

【풀이】 왕량이 말하기를, 「그 임금을 알려고 한다면 먼저 그 신하를 보고, 그 사람을 알려고 한다면 먼저 그 친구를 보고, 그 아비를 알려고 한다면 먼저 그 자식을 보라. 임금이 거룩하면 그 신하가 충성스럽고, 아비가 자애로우면 그 자식이 효성스러우니라.」

주 • 왕량(王良)⇨춘추시대(春秋時代) 진(晋)나라 사람. • 자(慈)⇨자애로움.

家語에 云 水至淸則無魚하고
가어 운 수지청즉무어

人至察則無徒니라
인지찰즉무도

【풀이】 가어에 이르기를. 물이 너무 맑으면 고기가 없고, 사람이 너무 헤아리면 친구가 없느니라.

주 • 가어(家語)⇨공자가어(孔子家語)를 말함. 공자의 유문(遺聞). 일사(逸事)를 모은 책으로서 열 권으로 되어 있다. • 지(至)⇨너무. • 도(徒)⇨무리. 친구.

許敬宗이 曰春雨一如膏나 行
허경종 왈춘우 여고 행

人은 惡其泥濘하고 秋月이 揚
인 악기니녕 추월 양

輝나 盜者는 憎其照鑑이니라
휘 도자 증기조감

【풀이】 허경종이 말하기를, 「봄비가 땅을 기름지게 하나 사람은 그 진창을 싫어하고, 가을 달이 극히 밝지만 도둑은 그 밝은 빛을 싫어한다.」

주 • 허경종(許敬宗)⇨자는 연족(延族), 당나라 사람. • 이녕(泥濘)⇨진창. • 양휘(揚輝)⇨유난히 빛나는 것. • 증(憎)⇨미워한다. 싫어한다. • 조감(照鑑)⇨밝게 비치는 것. 또는 밝은 빛.

景行錄에 云大丈夫는 見善明
경행록 운대장부 견선명

故로 重名節於泰山하고 用心
고 중명절어태산 용심

精故로 輕死生於鴻毛니라
정고 경사생어홍모

【풀이】 경행록에 이르기를, 「대장부는 착한 것을 보는 것이 밝으므로 명분과 절의를 태산보다 무겁게 여기고, 마음씀이 정순(精純)하기 때문에 죽고 삶을 기러기 털보다 가볍게 여긴다.」

주 • 견선명(見善明)⇨선을 보는 것이 밝다. • 명절(名節)⇨명분(名分)

과 절의(節義). • 태산(泰山)⇨산동성에 있는 높은 산 이름. 중국 오악(五嶽)의 하나. • 홍모(鴻毛)⇨기러기의 털. 지극히 가벼운 것을 나타내는 말임.

悶人之凶하고 樂人之善하며
민 인 지 흉 낙 인 지 선

濟人之急하고 救人之危니라
제 인 지 급 구 인 지 위

【풀이】 남의 흉한 것을 민망하게 여기고, 남의 착한 것을 즐겁게 여기며, 남의 급한 것을 건지고, 남의 위태함을 구하여 주라.

經目之事도 恐未皆眞이어늘 背
경 목 지 사 공 미 개 진 배

後之言을 豈足深信이리오
후 지 언 기 족 심 신

【풀이】 눈으로 직접 본 일도 다 참되지 아니할까 두렵거늘, 뒤에서 하는 말을 어찌 가히 깊이 믿을수 있으랴.

不恨自家汲繩短하고 只恨他
불 한 자 가 급 승 단 지 한 타

家苦井深이로다
가 고 정 심

【풀이】 자기 집 두레박 줄이 짧은 것은 탓하지 않고 남의 집 우물 깊은 것만 한탄한다.

주 • 불한(不恨)⇨한탄하지 않는다. 탓하지 않는다. • 급승(汲繩)⇨두레박 줄. • 타가(他家)⇨다른 집. • 고정심(苦井深)⇨우물 깊은 것을괴로와 한다.

贓濫이 滿天下하되 罪拘薄福人이니라
장 람 만 천 하 죄 구 박 복 인

【풀이】 뇌물을 받고 부정(不正)을 저지르는 사람들이 세상에 가득하건만 죄는 박복(薄福)한 사람에게만 씌워진다.

天若改常이면 不風即雨요 人若改常이면 不病即死니라
천 약 개 상 불 풍 즉 우 인 약 개 상 불 병 즉 사

【풀이】 하늘이 만약 상도(常道)를 어기면 바람 아니면비가 오고, 사람이 만약 상도(常道)를 벗어나면 병 아니면 죽음이 온다.

壯元詩에 云國正天心順이요
장원시 운국정천심순

官淸民自安이라 妻賢夫禍少요
관청민자안 처현부화소

子孝父心寬이니라
자효부심관

【풀이】 장원시에 이르기를,「나라가 바르면 천심(天心)도 순하고, 벼슬아치가 청백하면 백성이 저절로 편안해지리라. 아내가 어질면 그 남편의 화가 적고, 자식이 효성스러우면 그 아버지의 마음이 너그러워진다.」

子－曰木縱繩則直하고 人受
자 왈목종승즉직 인수

諫則聖이니라
간즉성

【풀이】 공자가 말하기를, 「나무가 먹줄을 좇으면 곧고,

사람이 남의 충고를 받아들이면 거룩하게 된다.」

주 • 승(繩)⇨먹줄. • 수간(受諫)⇨간함을 받아들인다. 즉 남의 충고를 받아들이는 것. 성(聖)⇨거룩한 것.

一派青山景色幽러니 前人田土後人收라 後人收得莫歡喜하라 更有收人在後頭니라

일파청산경색유 전인전토후인수 후인수득막환희 갱유수인재후두

【풀이】 한줄기 푸른 산은 경치가 그윽한데 앞 사람의 전답을 뒷사람이 차지하네. 뒷사람은 차지했다 해서 기뻐하지 말라. 다시 차지할 사람이 뒤에 있느니라.

주 • 일파(一派)⇨한 줄기. • 유(幽)⇨그윽한 것. • 수(收)⇨거둔다. 차지한다. • 후두(後頭)⇨바로 뒤.

蘇東坡 曰無故而得千金이면 不有大福이라 必有大禍이니라

소동파 왈무고이득천금 불유대복 필유대화

【풀이】 소동파가 말하기를, 「이유 없이 천금을 얻는 것은 큰 복이 있는 것이 아니라, 반드시 큰 재앙이 있을 것이니라.」

주 • 소동파(蘇東坡) ⇨ 이름은 식(軾), 호가 동파(東坡)다. 북송(北宋)의 문인으로서 당송팔대가(唐宋八大家)의 한 사람.

康節邵先生이 曰有人이 來問卜하되 如何是禍福고 我虧人是禍이요 人虧我是福이니라
강절소선생 왈유인 래문복 여하시화복 아휴인시화 인휴아시복

【풀이】 강절소 선생이 말하기를, 「어떤 사람이 와서 점을 묻되 어떤 것이 화이며 복인가? 내가 남을 해롭게 하면 이것이 화요, 남이 나를 해롭게 하면 이것이 복이니라.」

주 • 문복(問卜) ⇨ 점을 묻는 것. • 휴(虧) ⇨ 해롭게 하는 것.

大廈千間이라도 夜臥八尺이요 良
대하천간 야와팔척 양

田萬頃이라도 日食二升이니라
전 만 경 일 식 이 승

【풀이】 큰 집이 천 간(千間)이라도 밤에 눕는 곳은 사방 여덟 자 뿐이요, 좋은 농토가 만 경(萬頃)이라도 하루에 먹는 것은 겨우 두 되 뿐이다.

久住令人賤이요 頻來親也踈라
구 주 영 인 천 빈 래 친 야 소

但看三五日에 相見不如初라
단 간 삼 오 일 상 견 불 여 초

【풀이】 오래 머물러 있으면 사람으로 하여금 천히 여기게 하고, 자주 오면 친하던 것도 멀어진다. 다만 사흘이나 닷새 사이인데도 서로 보는 것이 처음만 같지 않더라.

주 • 구주(久住)⇨오래 머물러 있는 것. • 천(賤)⇨천히 여기는 것. • 빈래(頻來)⇨자주 온다. • 불여초(不如初)⇨처음만 같지 못함.

渴時一滴은 如甘露요 醉後
갈 시 일 적 여 감 로 취 후

添盃는 不如無니라
첨배 불여무

【풀이】 목이 마를 때 마시는 한 방울의 물은 단 이슬과같고, 취한 후에 잔을 더하는 것은 마시지 않는 것만 같지 못하다.

주 • 감로(甘露)⇨단 이슬. • 첨배(添盃)⇨잔을 더하는 것.

酒不醉人人自醉요 色不迷人人自迷니라
주불취인인자취 색불미인인자미

【풀이】 술이 사람을 취하게 하는 것이 아니라, 사람이 스스로 취하는 것이요, 색(色)이 사람을 유혹하는 것이 아니라, 사람이 스스로 유혹당하는 것이다.

公心을 若比私心이면 何事不辨이며 道念을 若同情念이면 成
공심 약비사심 하사불변 도념 약동정념 성

佛多時니라
불 다 시

【풀이】 공(公)을 위한 마음이 만약 사(私)를 위하는 마음과 같다면 무슨 일에선들 옳고 그름을 가려 내지 못하며, 도(道)를 향하는 마음이 만약 남녀의 정(情)을 생각하는 마음과 같다면 부처가 된지도 이미 오래일 것이다.

주 • 공심(公心)⇨공(公)을 위하는 마음. • 사심(私心)⇨사(私)를 위하는 마음. • 변(辨)⇨옳고 그른 것을 판단하는 것. • 성불(成佛)⇨부처가 되는 것.

濂溪先生曰巧者言하고 拙者
염 계 선 생 왈 교 자 언 졸 자

默하며 巧者勞하고 拙者逸하며 巧
묵 교 자 노 졸 자 일 교

者賊하고 拙者德하고 巧者凶하고
자 적 졸 자 덕 교 자 흉

拙者吉하나니 嗚呼라 天下拙이면
졸 자 길 오 호 천 하 졸

刑政이 徹하여 上安下順하며 風
형 정 철 상 안 하 순 풍

清弊絶이니라
청 폐 절

【풀이】 염계선생이 말하기를, 「교활한 사람은 말을 잘하고, 졸열한 사람은 말이 없으며, 교활한 사람은 수고로우나 졸열한 사람은 한가하다. 교활한 사람은 패악하나 졸열한 사람은 덕성(德性)스러우며, 교활한 사람은 흉하고, 졸열한 사람은 길하다. 아아, 천하가 어리석다면 형정(刑政)이 밝아져서 웃사람은 편안하고 아랫사람은 순하며 풍속이 맑아지고 좋지않은 습속이 없어질 것이다.」

주 • 염계(濂溪)⇨성은 주(周), 이름은 돈이(敦頤), 염계는 그 자(字)다. 북송(北宋)의 유학자, 송학(宋學—朱子學)의 시조로서 태극도설(太極圖說)과 통서(通書)를 저술하였다. • 교자(巧者)⇨교활한 자. • 졸자(拙者)⇨재주 없는 어리석은 자. 졸열한 자. • 묵(默)⇨묵묵한 것. 즉 말이 없다. • 형정(刑政)⇨정치와 법률. • 풍청(風清)⇨풍속이 맑아지는 것. • 폐절(弊絶)⇨나쁜 습속이 없어지는 것.

易에 曰德微而位尊하고 智小
역 왈덕미이위존 지소

而謀大면 無禍者鮮矣니라
이모대 무화자선의

【풀이】 주역에 이르기를, 「덕이 적으면서 지위가 높든지, 지혜가 없으면서 꾀하는 것이 크다면 화(禍)가 없는 자가 드물 것이다.」

주 • 미(微)⇨미약한 것. • 선(鮮)⇨드물다는 뜻. • 위존(位尊)⇨벼슬이 높은 것.

說苑에 **曰 官怠於宦成**하고 **病**
설원 왈 관태어환성 병

加於小癒하며 **禍生於懈怠**하고
가어소유 화생어해태

孝衰於妻子ㅡ니 **察此四者**하여
효쇠어처자 찰차사자

愼終如始니라
신종여시

【풀이】 설원에 이르기를, 「나라를 다스리는 이의 도(道)는 지위가 높아지는 데서 게을러지고, 병은 조금 낫는 데서 더해지며 재앙은 게으른 데서 생기고, 효도는 처자 때문에 흐려진다. 이 네 가지를 헤아려서 나중을 삼가하기를 처음과 같이 할 지니라.」

주 • 설원(說苑)⇨전한(前漢) 때 유향(劉向)이 편찬한, 유문 일사(遺聞逸

事)를 모은 책. • 환성(宦成)⇨벼슬이 이루어 짐. 지위가 높아짐. • 소유(小瘉)⇨조금 낫는 것. • 해태(懈怠)⇨게으른 것. • 신종(愼終)⇨나중을 삼가하는 것. • 사자(四者)⇨네 가지.

器滿則溢하고 人滿則喪이니라
기 만 즉 일 인 만 즉 상

【풀이】 그릇이 다 차면 넘치고, 사람이 다 차면 잃게된다.

주 • 만(滿)⇨가득 차는 것. •일(溢)⇨넘치는 것. • 상(喪)⇨잃어버리는 것.

尺璧非寶요 寸陰是競이니라
척 벽 비 보 촌 음 시 경

【풀이】 한 자나 되는 구슬도 보배로 알지말고, 한 치의 시간을 다투라.

羊羹이 雖美나 衆口를 難調니라
양 갱 수 미 중 구 난 조

【풀이】 양고기 국이 비록 맛이 좋을지라도 뭇사람의 입을 맞추기는 어려우니라.

주 • 양갱(羊羹)⇨양고기 국. • 중구(衆口)⇨여러 사람의 입. • 난조(難調)⇨맞추기 어려움.

益智書에 云白玉은 投於泥塗라도 不能汚穢其色이요 君子는 行於濁地라도 不能染亂其心하나니 故로 松栢可以耐雪霜이오 明智는 可以涉危難이니라

(익지서 운백옥 투어니도 불능오예기색 군자 행어탁지 불능염란기심 고 송백가이내설상 명지 가이섭위난)

【풀이】 익지서에 이르기를, 「흰 옥(玉)을 진흙 속에 던진다해도 그 빛을 더럽힐 수 없고, 군자는 혼탁(混濁)한 곳에 갈 지라도 그 마음이 어지럽혀지지 않는다. 그러므로 소나무와 잣나무는 눈과 서리를 견디어내고, 밝은 지혜는 위급한 재난을 건넌다.」

주 • 이도(泥塗)⇨진흙. • 오예(汚穢)⇨더러운 것. • 탁지(濁地)⇨혼탁한 땅. • 염란(染亂)⇨어지럽히는 것 • 송백(松柏)⇨소나무와 잣나

무. • 내(耐)⇨견딘다. • 섭(涉)⇨건네다.

入山擒虎는 易어니와 開口告人은 難이니라
입산금호 이 개구고인 난

【풀이】 산에 들어가 호랑이를 잡기는 쉬우나, 입을 열어 다른 사람에게 고하기는 어렵다.

遠水는 不救近火요 遠親은 不如近隣이니라
원수 불구근화 원친 불여근린

【풀이】 먼 곳에 있는 물은 가까운 불을 구하지 못하고, 먼 곳에 사는 친척은 가까운 이웃만 같지 못하다.

太公이 曰日月이 雖明이나 不
태공 왈일월 수명 부

照覆盆之下하고 刀劒이 雖快나
조 복 분 지 하 도 인 수 쾌

不斬無之人하고 非災橫禍는
불 참 무 지 인 비 재 횡 화

不入愼家之門이니라
불 입 신 가 지 문

【풀이】 태공이 말하기를, 「해와 달이 비록 밝다고하나 엎어놓은 동이의 밑은 비추지 못하고, 칼날이 비록 잘 든다고해도 죄 없는 사람은 베지 못하며, 뜻밖의 재앙은 조심하는 집 문에는 들지 못하느니라.」

주 • 복분(覆盆)⇨엎어놓은 동이. • 도인(刀劒)⇨칼날. • 쾌(快)⇨빠름. 잘듬. • 비재(非災)⇨그릇된 재앙. •횡화(橫禍)⇨예기치 않는 화(禍), 뜻밖의 재앙. • 신가(愼家)⇨조심하는 집.

太公이 曰良田萬頃이 不如薄
태 공 왈 양 전 만 경 불 여 박

藝隨身이니라
예 수 신

【풀이】 태공이 말하기를, 「좋은 밭 만 이랑이 있다해도 작은 재주를 몸에 지니고 있는 것만 같지 못하다.」

性理書에 云接物之要는 己所
성리서 운접물지요 기소

不欲을 勿施於人하고 行有不
불욕 물시어인 행유부

得이어든 反求諸己니라
득 반구제기

【풀이】 성리서에 이르기를, 「사물(事物)을 대하는 가장 중요한 것은 자기가 하기 싫은 것을 남에게 베풀지 말고, 행하여 얻지 못하는 것이 있거든 돌이켜 자기에게 원인을 구하라.」

주 • 접물(接物)⇨사물(事物)을 대하는 것. • 요(要)⇨중요한 것. • 기소불욕(己所不欲)⇨자기가 하기싫은 것. • 불득(不得)⇨얻지 못하는 것. •반구제기(反求諸己)⇨돌이켜 보아 자기에서 그 원인을 구하는 것.

酒色財氣四堵墻에 多少賢
주색재기사도장 다소현

愚在內廂이라 若有世人이 跳
우재내상 약유세인 조

得出이면 便是神仙不死方이니라
득출 변시신선불사방

【풀이】 술과 색과 재물과 기운의 네 가지로 쌓은 담 안에 수많은 어진 사람과 어리석은 사람이 행랑에 들어 있구나. 만약 세상 사람이 이곳을 뛰쳐 나올 수 있다면 그것은 곧 신선과 같이 죽지 않는 방법이다.

立教篇
입 교 편

♧ 인간으로서 지켜야 할 윤리도덕(倫理道德)은 무엇인가? 그것은 바로 삼강오륜의 기본 정신이다. 정치, 경제, 사회, 문화 등 각 방면에 걸쳐서 기본적인 윤리도덕 정신이 갖추어지지 않는다면 우리의 사회는 너무나 피폐해질 것이다. 마음의 근본을 지키는 일이 바로 우리의 삶을 보다 윤택하고 편안하게 하는 지름길이 된다.

子ㅣ曰立身有義而孝其本이요
자 왈입신유의이효기본

喪祀有禮而哀爲本이오 戰陳
상사유례이애위본 전진

有列而勇爲本이요 治政有理
유 열 이 용 위 본　치 정 유 리

而農爲本이요 居國有道而嗣
이 농 위 본　거 국 유 도 이 사

爲本이요 生財有時而力爲本
위 본　생 재 유 시 이 력 위 본

이니라

【풀이】 공자가 말하기를, 「입신(立身)함에는 의(義) 가 있으니 효(孝)가 그 근본이요, 상사(喪祀)에는 예(禮)가 있으니 슬퍼함이 그 근본이요, 전진(戰陣)에는 질서가 있으니 용기가 그 근본이 되느니라. 나라를 다스리는 데는 순리가 있으니 농사가 그 근본이 되고, 나라를 지키는 데는 도(道)가 있으니 계승이 그 근본이 되며, 재물을 생산함에는 시기가 있으니 노력이 그 근본이 되느니라.」

주 • 입신(立身) ⇨ 몸을 세운다, 즉 사회에 나아가는 것. • 애(哀) ⇨ 슬퍼하는 것. • 전진(戰陣) ⇨ 전쟁을 하기위해 진을 치는 것. • 치정(治政) ⇨ 나라를 다스리는 것. • 이(理) ⇨ 이치, 순리. • 거국(居國) ⇨ 나라에 사는 것. 또는 다스리는 것. • 사(嗣) ⇨ 뒤를 계승한다는 뜻. • 생재(生財) ⇨ 재물을 생산하는 것. • 역(力) ⇨ 힘, 노력.

景行錄에 云爲政之要는 曰公與清이요 成家之道는 曰儉與勤이라
경행록 운위정지요 왈공여청 성가지도 왈검여근

【풀이】 경행록에 이르기를, 「정사를 다스리는 가장 중요한 것은 공정(公正)과 청렴(清廉)이요, 집을 이루는 방도는 근검 절약하는 것이니라.」

讀書는 起家之本이요 循理는 保家之本이요 勤儉은 治家之本이요 和順은 齊家之本이니라
독서 기가지본 순리 보가지본 근검 치가지본 화순 제가지본

【풀이】 글을 읽는 것은 집을 세우는 근본이요, 이치에 순종함은 집을 지키는 근본이요, 근면검소 함은 집을 잘다

스리는 근본이요, 화순(和順)함은 집을 정제하는 근본이니라.

孔子三計圖에 云一生之計는
공 자 삼 계 도 운 일 생 지 계

在於幼하고 一年之計는 在於
재 어 유 일 년 지 계 재 어

春하고 一日之計는 在於寅이니
춘 일 일 지 계 재 어 인

幼而不學이면 老無所知요 春
유 이 불 학 노 무 소 지 춘

若不耕이면 秋無所望이요 寅
약 불 경 추 무 소 망 인

若不起면 日無所辨이니라
약 불 기 일 무 소 변

【풀이】 공자 삼계도에 이르기를, 「일생의 계획은 어릴때에 있고, 일년의 계획은 봄에 있고, 하루의 계획은 새벽에 있나니, 어려서 배우지 않으면 늙어서 아는 것이 없고, 봄에 밭을 갈지 않으면 가을에 거둘 것이 없으며,

새벽에 일어나지 않으면 그날의 할 일이 없느니라.」

주 • 삼계(三計)⇨하루의 계획, 일년의 계획, 일생의 계획을 합쳐서 삼계(三計)라 한다. • 일생지계(一生之計)⇨일생의 계획. • 유(幼)⇨어린시절. • 인(寅)⇨인시(寅時), 즉 새벽. • 약(若)⇨만약. • 변(辦)⇨일을 함.

性理書에 云五教之目은 父子
성 리 서　운 오 교 지 목　부 자

有親하며 君臣有義하며 夫婦有
유 친　군 신 유 의　부 부 유

別하며 長幼有序하며 朋友有
별　장 유 유 서　붕 우 유

信이니라
신

【풀이】 성리서에 이르기를, 「다섯 가지 가르침의 조목은 아버지와 자식 사이엔 친함이 있어야 하며, 임금과 신하 사이엔 의리가 있어야 하며, 남편과 아내 사이엔 분별이 있어야 하며, 어른과 어린이 사이엔 차례가 있어야 하며, 친구 사이엔 믿음이 있어야 하느니라.」

三綱은 君爲臣綱이요 父爲子
삼 강　군 위 신 강　부 위 자

綱이요 夫爲婦綱이니라
강 부위부강

【풀이】 삼강(三綱)이라 함은 임금은 신하의 본이 되고, 아버지는 자식의 본이 되며, 남편은 아내의 본이 되는 것이다.

王蠋이 曰忠臣은不事二君이요
왕촉 왈충신 불사이군

烈女는 不更二夫니라
열녀 불갱이부

【풀이】 왕촉이 말하기를, 「충신은 두 임금을 섬기지 않고 열녀(烈女)는 두 지아비를 모시지 않는다.」

주 • 사(事)⇨섬긴다. 모신다. • 열녀(烈女)⇨절개가 곧은 여자. • 왕촉 ⇨ 충신으로 이름이 높은 전국시대(戰國時代) 제(齊) 나라 사람. 나라가 연(燕) 나라에 패하자 항복하라는 연나라의 권고를 물리치고 자살(自殺) 하였다.

忠子曰治官엔 莫若平이요 臨
충자왈치관 막약평 임

財엔 莫若廉이니라
재 막약렴

【풀이】 충자가 말하기를, 「벼슬을 다스림에는 공평한 것보다 더한 것이 없을 것이요, 재물을 다룸에는 청렴한 것보다 더한 것이 없느니라.」

주 • 충자(忠子)⇨어떤 사람인지 미상(未詳)임. • 치관(治官)⇨벼슬을 다스리는 것. • 막약(莫若)⇨같지 못하다. • 평(平)⇨공평한 것.

張思叔座右銘에 曰凡語를 必忠信하며 凡行을 必篤敬하며 飮食을 必愼節하며 字劃을 必楷正하며 容貌를 必端莊하며 衣冠을 必整肅하며 步履를 必安詳하며 居處를 必正靜하며 作事를 必謀始하며 出言을 必顧行
장사숙좌우명 왈범어 필충신 범행 필독경 음식 필신절 자획 필해정 용모 필단장 의관 필정숙 보리 필안상 거처 필정정 작사 필모시 출언 필고행

하며 常德을 必固持하며 然諾을
상덕 필고지 연낙

必重應하며 見善如己出하며 見
필중응 견선여기출 견

惡如己病하라 凡此十四者는
악여기병 범차십사자

皆我未深省이라 書此當座右
개아미심성 서차당좌우

하여 朝夕視爲警하노라
조석시위경

【풀이】 장사숙 좌우명에 이르기를, 「무릇 말은 반드시 충성되고 믿음이 있어야하며, 무릇 행실은 반드시 돈독하고 공경히 하여야하며, 음식은 반드시 삼가고 알맞게 먹어야 하며, 글씨는 반드시 똑똑하고 바르게 써야 하며, 용모(容貌)는 반드시 단정하고 엄숙히 해야 하고, 의관(衣冠)은 반드시 정제해야 하며, 걸음걸이는 반드시 안상(安詳)하게 해야 하며, 거처하는 곳은 반드시 정숙(靜肅)하게 해야 하며, 일 하는 것은 반드시 계획을 세워서 시작하며, 말을 낼 때는 반드시 그 실행 여부를 돌아보아야 하며, 평상(平常)의 덕을 반드시 굳게 가

지며, 일을 허락하는 것은 반드시 신중히 응해야하며, 선을 보거든 자기에게서 나온 것 같이 즐겨서 하며, 악을 보거든 자기의 병인 것 같이 하여라. 무릇 이 열 네 가지는 모두 내가 아직 깊이 깨닫지 못한 것이라. 이를 자리의 오른 편에 써 놓고 아침 저녁으로 보고서 경계하는 것이니라.」

주 • 장사숙(張思淑)⇨북송(北宋) 때 학자. • 좌우명(座右銘)⇨자리 옆에 써 놓고 조석으로 보면서 반성하는 자료(資料)로 삼는 격언(格言). • 독경(篤敬)⇨돈독하고 공경히 하는 것. • 신절(愼節)⇨신은 삼간다는 뜻이며, 절은 정도에 알맞게 하는 것, 즉 삼가고 알맞게 먹는다. • 해정(楷正)⇨바르게 쓰는 것. • 단장(端莊) 단정하고 엄숙한 것. • 보리(步履)⇨걸음 걸이. •안상(安詳) ⇨ 침착하고 조용한 것.

•모시(謀始)⇨계획을 앞세워 시작하는 것. •고행(顧行)⇨행실을 돌아본다. •상덕(常德)⇨평상(平常)의 덕. •연락(然諾)⇨무슨 일을 승락하는 것. •중응(重應)⇨신중하게 응하는 것. •여기출(如己出)⇨자기 몸에서 나간 것 처럼 한다. •기병(己病)⇨자기 몸의 병. •조석시위경(朝夕視爲警)⇨아침 저녁으로 보아서 경계(警戒)로 삼음.

范益謙座右銘에 曰一不言
범 익 겸 좌 우 명 왈 일 불 언

朝廷利害邊報差除요 二不
조 정 이 해 변 보 차 제 이 불

言州縣官員長短得失이요 三
언 주 현 관 원 장 단 득 실 삼

不言衆人所作過惡之事요 四
불언중인소작과악지사 사

不言仕進官職趨時附勢요 五
불언사진관직추시부세 오

不言財利多少厭貧求富요 六
불언재이다소염빈구부 육

不言淫媟戲慢評論女色이요
불언음설희만평론여색

七 不言求覓人物干索酒食
칠 불언구멱인물간색주식

이요 又人付書信을 不可開坼
우인부서신 불가개탁

沈滯요 與人拜坐에 不可窺人
침체 여인배좌 불가규인

私書요 凡入人家에 不可看人
사서 범입인가 불가간인

文字요 凡借人物에 不可損壞
문자 범차인물 불가손괴

不還이요 凡喫飲食에 不可揀
불환 범끽음식 불가간

擇去取요 與人同處에 不可自
택거취 여인동처 불가자

擇便利요 凡人富貴를 不可
택편리 범인부귀 불가

歎羨詆毁니 凡此數事에 有犯
탄선저훼 범차수사 유범

之者면 足以見用心之不正
지자 족이견용심지부정

이라 於正心修身에 大有所害라
어정심수신 대유소해

因書以自警하노라
인서이자경

【풀이】 범익겸 좌우명에 이르기를, 「첫째 조정에대한 이해와 변방에 대한 보고와 관직의 임명(任命)에 대하여 말하지 않으며, 둘째 주현(州縣)의 관원의 장단(長短)과 득실(得失)에 대하여 말하지 않으며, 세째 여러 사람이 저지른 악한 일을 말하지 않으며, 네째 벼슬에 나

가는 것과 기회를 따라 권세에 아부하는 일에 대하여 말하지 않으며, 다섯째 재리(財利)의 많고 적음이나 가난을 싫어하고 부(富)를 탐하는 것을 말하지 않으며, 여섯째 음탕하고 난잡한 잡담이나 여색(女色)에 대한 평논(平論)을 말하지 않으며, 일곱째 남의 물건을 탐내거나 주식(酒食)을 토색(討索)하는 것을 말하지 않는다. 그리고 남이 부치는 편지를 뜯어 보거나 지체시켜서는 안되며, 남과 같이 앉아 있으면서 남의 사사로운 글을 엿보아서는 안된다. 무릇 남의 집에 들어가더라도 남의 만든 글을 보지 말며, 남의 물건을 빌렸을 때 이것을 손상시키거나 돌려보내지 않아서는 안된다. 모름지기 음식을 먹을 때 가리어서 먹지 말며, 남과 같이 있으면서 스스로의 편리만을 가리어 취하지 말라. 모름지기 남의 부하고 귀한 것을 부러워하거나 헐뜯지 말라. 모름지기 이 몇 가지 일을 범하는 자가 있으면 넉넉히 그 마음쓰는 것의 바르지 않음을 알 수 있으며, 마음을 바르게 하고 몸을 닦는 데 크게 해되는 바가 있는지라. 이로 인하여 이 글을 써서 스스로 경계하려 하노라.」

주 •범익겸(范益謙)⇨인물 미상(未詳)임. •조정(朝廷)⇨정부. •변보(邊報)⇨변방으로부터의 보고. •차제(差除)⇨관리에 임명하는 것. •주현(州縣)⇨주(州)와 현(縣). •관원(官員)⇨벼슬아치. •사진(仕進)⇨벼슬에 나가는 것. •추시(趨時)⇨기회를 따라서. •부세(附勢)⇨세력에 아부하는 것. •염빈(厭貧)⇨가난을 싫어하는 것. •음설(淫渫)⇨음탕한 것. •희만(戱慢)⇨희롱하는 것. •구멱인물(求覓人物)⇨남의 물품을 차지하려는 것. •간색주식(干索酒食)⇨술과 음식을 토색하는 것. •침체(沈滯)⇨더디게 만드는 것. •병좌(并坐)⇨나란히(또는 함께) 앉는 것. •규(窺)⇨엿보는 것. •손괴(損壞)⇨손상시키고 파괴하는 것. •불환(不還)⇨돌려보내지 않는다. •간택(揀擇)⇨가리는 것. •저훼(詆毀)⇨헐뜯는 것.

武王에 問太公曰人居世上에
무왕 문태공왈인거세상

何得貴賤貧富不等고 願聞
하득귀천빈부부등 원문

說之하여 欲之是矣이로다 太公이
설지 욕지시의 태공

曰富貴는 如聖人之德하여 皆
왈부귀 여성인지덕 개

由天命이어니와 富者는 用之有節
유천명 부자 용지유절

하고 不富者는 家有十盜니라
불부자 가유십도

【풀이】 무왕이 태공에게 물어가로되, 「사람이 세상에 사는데 어찌하여 귀천과 빈부가 고르지 않나이까? 원하

옵건대 말씀을 들어서 이를 알고자 합니다.」 태공이 말하기를, 「부귀는 성인의 덕과 같아서 다 하늘의 명(命)으로 말미암거니와 부자는 쓰는 것이 절도(節度)가 있고 부하지 못한 자는 집에 십도(十盜)가 있읍니다.」

주 • 무왕(武王) ⇨ 문왕(文王)의 아들, 부왕(父王)의 유업(遺業)을 계승하여 은(殷)나라의 폭군(暴君) 주왕(紂王)을 쳐서 멸하고 중국을 통일하여 주왕조(周王朝)를 세웠음. • 불등(不等) ⇨ 같지 않다. 고르지 않다. • 욕지시(欲知是) ⇨ 이를 알고자함. • 유절(有節) ⇨ 절도(節度)가 있다.

武王이 曰何謂十盜닛고 太公이
무 왕 왈 하 위 십 도 태 공

曰時熟不收이 爲一盜요 收積
왈 시 숙 불 수 위 일 도 수 적

不了爲二盜요 無事燃燈寢
불 료 위 이 도 무 사 연 등 침

睡이 爲三盜요 慵懶不耕이 爲
수 위 삼 도 용 나 불 경 위

四盜요 不施功力이 爲五盜요
사 도 불 시 공 력 위 오 도

專行巧害이 爲六盜요 養女太
전 행 교 해 위 육 도 양 녀 태

多이 爲七盜요 晝眠懶起이 爲
다 위칠도 주면나기 위

八盜요 貪酒嗜慾이 爲九盜요
팔도 탐주기욕 위구도

强行嫉妬이 爲十盜니라
강행질투 위십도

【풀이】 무왕이 묻기를, 「무엇을 십도(十盜)라고 합니까?」태공이 대답하기를, 「곡식이 제때에 익은 것을 거두어들이지 않는 것이 첫째의 도(盜)요, 거두고 쌓는 것을 다하지 않는 것이 둘째의 도요, 일이 없이 등불을 켜 놓고 잠자는 것이 세째의 도요, 게을러서 밭을 갈지 않는 것이 네째의 도요, 공력(功力)을 들이지 않는 것이 다섯째의 도요, 오직 교활하고 해로운 일만 행하는 것이 여섯째의 도요, 딸을 너무 많이 기르는 것이 일곱째의 도요, 낮잠 자고, 아침에 일어나기를 게을리하는 것이 여덟째의 도요, 술을 좋아하고 환락을 즐기는 것이 아홉째 도요, 심히 남을 시기하는 것이 열째의 도입니다.」

주 • 시숙(時熟)⇨제철에 익는 것. • 불료(不了)⇨끝내지 않는 것. • 연등(燃燈)⇨등불을 켜는 것. • 침수(寢睡)⇨잠자는 것. • 용라(慵懶)⇨게으른 것. • 전행(專行)⇨전문적으로 행하는 것. • 교해(巧害)⇨교활하고 해로운 일. • 주면(晝眠) ⇨ 낮잠. • 나기(懶起) ⇨ 일어나기를 게을리하는 것. • 기욕(嗜慾) ⇨ 욕심을 즐김. 환락을 즐김.

武王이 曰 家無十盜而不富
무왕 왈 가무십도이불부

者는 何如닛고 太公이 曰人家에
자 하여 태공 왈인가

必有三耗니다 武王이 曰何名
필유삼모 무왕 왈하명

三耗닛고 太公이 曰倉庫漏濫
삼모 태공 왈창고루람

不蓋하여 鼠雀亂食이 爲一耗요
불개 서작난식 위일모

收種失時이 爲二耗요 抛撒
수종실시 위이모 포살

米穀穢賤이 爲三耗니다
미곡예천 위삼모

【풀이】 무왕이 묻기를, 「집에 십도가 없고도 부유하지 못

한 것은 어찌하여 그러합니까?」태공이 대답하기를, 「그런 사람의 집에는 반드시 삼모(三耗)가 있을 것입니다.」「무엇을 삼모라고 합니까?」「창고가 뚫려 있는데도 가리지 않아 쥐와 새들이 어지럽게 먹어대는 것이 첫째의 모(耗)요, 거두고 씨뿌림에 때를 놓치는 것이 둘째의 모요, 곡식을 퍼 흘리어 더럽고 천하게 다루는 것이 세째의 모입니다.」

주 • 삼모(三耗)⇨세 가지 소모하는 것. • 누람(漏濫)⇨물이 새어 넘치는 것. 쥐 구멍이 뚫린 것. • 불개(不蓋)⇨덮지않는 것. • 서작(鼠雀)⇨쥐와 참새. • 난식(亂食)⇨어지럽게 먹어대는 것. • 수종(收種)⇨거두고 씨뿌리는 것. • 실시(失時)⇨때를 놓치는 것. • 포살(抛撒)⇨퍼흘리는 것. • 예천(穢賤)⇨더럽고 천하게 다룸.

武王이 曰 家無三耗而不富
무 왕 왈 가 무 삼 모 이 불 부

者는 何如닛고 太公이 曰人家에
자 하 여 태 공 왈 인 가

必有 一錯二誤三痴四失五
필 유 일 착 이 오 삼 치 사 실 오

逆六不祥 七奴八賤九愚十
역 육 불 상 칠 노 팔 천 구 우 십

強하여 自招其禍요 非天降
강 자초기화 비천강

殃이니다
앙

【풀이】 무왕이 묻기를, 「집에 삼모(三耗)도 없는데 부유하지 못한 것은 어찌하여 그러하나이까?」 태공이 대답하기를, 「그런 사람의 집에는 반드시 일착(一錯), 이오(二誤), 삼치(三痴), 사실(四失), 오역(五逆) 육불상(六不祥), 칠노(七奴), 팔천(八賤), 구우(九愚), 십강(十强)이 있어서 스스로 그 화를 부르는 것이요, 결코 하늘이 재앙을 내리는 것은 아닙니다.」

武王이 曰願悉聞之하나이다 太公이
무왕 왈원실문지 태공

曰養男不敎訓이 爲一錯이요
왈양남불교훈 위일착

嬰孩不訓이 爲二誤요 初迎新
영해불훈 위이오 초영신

婦不行嚴訓이 爲三痴요 未語
부불행엄훈 위삼치 미어

先笑 爲四失이요 不養父母이
선소 위사실 불양부모

爲五逆이요 夜起赤身이 爲六
위오역 야기적신 위육

不祥이요 好挽他弓이 爲七奴요
불상 호만타궁 위칠노

愛騎他馬이 爲八賤이요 喫他
애기타마 위팔천 끽타

酒勸他人이 爲九愚요 喫他
주권타인 위구우 끽타

飯命朋友이 爲十强이니다 武王이
반명붕우 위십강 무왕

曰甚美誠哉라 是言也이여
왈심미성재 시언야

【풀이】 무왕이 말하기를, 「그 내용을 듣기를 원하옵니다.」 태공이 대답하기를, 「아들을 키우며 가르치지 아니하는 것이 첫째의 잘못이요, 어린 아이를 타이르지 않는 것이 둘째의 그릇됨이요, 처음 신부(新婦)를 맞이하여 엄하게 가르치지 않는 것이 세째의 어리석음이요, 말하기

전에 먼저 웃는 것이 네째의 과실이요, 부모를 봉양하지 않는 것이 다섯째의 거역함이요, 밤에 알몸으로 일어나는 것이 여섯째의 상서롭지 않음이요, 남의 활을 당기기를 좋아하는 것이 일곱째의 상스러움이요, 남의 말을 타기를 좋아하는 것이 여덟째의 천함이요, 남의 술을 마시면서 다른 사람에게 권하는 것이 아홉째의 어리석음이요, 남의 밥을 먹으면서 벗에게 주는 것이 열째의 뻔뻔스러움이 되는것입니다.」 무왕이 말하기를, 「심히 아름답고 성실(誠實) 하도다, 그 말씀이여.」

주 • 실(悉) ⇨ 다. • 원실문지(願悉聞之) ⇨ 다 듣기를 원한다. • 양남(養男) ⇨ 아들을 기르는 것. • 영해(嬰孩) ⇨ 어린 아이. • 영(迎) ⇨ 맞이하는 것. • 치(痴) ⇨ 어리석은 것. • 미어선소(未語先笑) ⇨ 말을 하기 전에 먼저 웃는 것. • 적신(赤身) ⇨ 벌거벗은 몸. • 불상(不祥) ⇨ 상서롭지 못한 것. • 호만(好挽) ⇨ 당기기를 좋아한다. • 타궁(他弓) ⇨ 남의 활. • 노(奴) ⇨ 종, 비천(卑賤)한 신분. 상스러움. • 애기(愛騎) ⇨ 타기를 좋아함. • 끽타주(喫他酒) ⇨ 남의 술을 마시는 것(먹는 것). • 권타인(勸他人) ⇨ 다른 사람에게 권하는 것. • 강(强) ⇨ 강함, 뻔뻔함.

治政篇
치 정 편

♧ 정치란 무엇인가? 정치는 사회의 질서를 바로잡고 백성들의 삶을 편안하고 행복스럽게 하기 위한 다스림이다. 밝은 정치가 행하여지는 나라는 백성들이 잘 살 수 있으며, 정치가 어지러우면 백성들의 삶도 또한 어지러워지게 마련이다. 그러므로 정사(政事)를 맡은 벼슬아치들은 항상 백성을 위하는 신념으로 정치에 임하지 않으면 안된다.

明道先生이 曰一命之士 苟
명도선생 왈일명지사 구

有存心於愛物이면 於人에 必
유존심어애물 어인 필

有所濟니라
유소제

【풀이】 명도선생이 말하기를, 「처음으로 벼슬을 얻은 선비라도 진실로 물건을 사랑하는 데 마음을 둔다면 남에게 반드시 도움되는 바 있을 것이니라.」

주 • 명도선생(明道先生) ⇨ 이름은 호(顥), 북송(北宋)의 유학자(儒學者). 주돈이(周敦頤)에게 수학(受學)했으며 성리학(性理學)을 크게 발전시켰다. 성리학은 주자(朱子)에 이르러 대성(大成)을 보았기 때문에 정주학(程朱學)이라고도 불리워진다. 도학(道學)에 밝다고 하여 사람들로부터 명도선생(明道先生)이라고 일컬어지며 또 그의 아우 정이(程頤)와 함께 이정자(二程子)라고도 불리워짐. • 일명지사(一命之士) ⇨ 처음으로 관직을 임명 받은 선비. • 구(苟) ⇨ 진실로. • 존심(存心) ⇨ 마음을 두는 것. • 소제(所濟) ⇨ 구제하는 바. 도움되는 바.

唐太宗御製에 云上有麾之하고 中有乘之하고 下有附之하여 幣帛衣之요 倉廩食之하니 爾俸爾祿이 民膏民脂니라 下民은 易虐이어니와 上蒼은 難欺니라
당태종어제 운상유휘지 중유승지 하유부지 폐백의지 창늠식지 이봉이록 민고민지 하민 이학 상창 난기

【풀이】 당태종 어제에 이르기를, 「위에는 명령하는 이가 있고, 중간에는 이 명을 받들어 다스리는 관원이 있고, 그 아래에는 이를 따르는 백성이 있다. 예물로서 받은 비단으로 옷 지어 입고 곳간에 있는 곡식을 먹는다.

그러므로 너희의 봉록(俸祿)은 모두 백성들의 기름인것이다. 아래에 있는 백성은 학대하기가 쉽지만 위에 있는 푸른 하늘은 속이기 어렵도다.」

주 • 당태종(唐太宗)⇨당(唐)나라의 2대 임금. 이름은 세민(世民)이며, 아버지 이연(李淵)을 도와서 수나라를 치고 당나라를 세웠음. 당태종은 백성을 몹시 사랑했다. 황충(蝗蟲)이 번성하여 농작물에 피해가 크게 되자 태종은 황충을 잡아 씹으면서 경계하였더니 황충이 사라져 버렸다는 설화가 있다 당태종 때의 연호가 정관(貞觀)으로서 당태종의 정치를 찬양하여 정관지치(貞觀之治)라고 함. • 휘(麾)⇨지휘하는 것. • 승(乘)⇨다스림. • 부(附)⇨따른다. • 폐백(幣帛)⇨예물로 받은 비단. • 이(爾)⇨너. • 이학(易虐)⇨학대하기 쉬운 것. • 상창(上蒼)⇨위에 있는 푸른 하늘. • 난기(難欺)⇨속이기 어려움.

童蒙訓에 **曰當官之法**이 **唯**
동 몽 훈 왈 당 관 지 법 유

有三事하니 **曰淸曰愼曰勤**이라
유 삼 사 왈 청 왈 신 왈 근

知此三者면 **知所以持身矣**니라
지 차 삼 자 지 소 이 지 신 의

【풀이】 동몽훈에 이르기를, 「벼슬아치된 자의 지켜야 할 법은 오직 세 가지가 있으니, 청렴과 신중과 근면이다. 이 세 가지를 알면 몸가질 바를 알리라.」

주 • 동몽훈(童蒙訓) ⇨ 송(宋)나라 때 여본중(呂本中)이 아이들을 가르치기 위해 지은 책. • 당관(當官) ⇨ 벼슬아치가 되는 것. • 지신(持身) ⇨ 몸가짐.

當官者는 必以暴怒爲戒하여
당관자 필이폭노위계

事有不可어든 當詳處之면 必
사유불가 당상처지 필

無不中이어니와 若先暴怒면 只能
무부중 약선폭노 지능

自害라 豈能害人이리오
자해 기능해인

【풀이】 관직에 있는 사람은 반드시 지나치게 화내는 것을 삼가하라. 일에 옳지 않음이 있거든 마땅히 자상하게 처리하면 반드시 맞아들지 않는 격이 없으려니와 만약 화부터 낸다면 오직 자신을 해롭게 할 뿐이니, 어찌 남을 해롭게 할 수 있으리오.

주 • 상처지(詳處之) ⇨ 자상하게 처리하는 것.

事君을 如事親하며 事長官을
사군 여사친 사장관

如事兄하며 與同僚를 如家人
여사형 여동료 여가인

하며 待羣吏를 如奴僕하며 愛百
대군리 여노복 애백

姓을 如妻子하며 處官事를 如
성 여처자 처관사 여

家事然後에 能盡吾之心이니
가사연후 능진오지심

如有毫末不至면 皆吾心에 有
여유호말부지 개오심 유

所未盡也니라
소미진야

【풀이】 임금을 섬기기를 어버이 섬김 같이 하며, 웃사람 섬기기를 형을 섬김 같이 하며, 동료(同僚)를 대하기를 자기 집 사람 대하듯이 하며, 여러 아전 대접하기를 자기 집 노복(奴僕) 대하듯이 하며, 백성 사랑하기를 처자(妻子) 사랑하듯이 하며, 나라 일 살피기를 내 집안 일처럼 하고 난 다음에야 능히 내 마음을 다했다 할 것이니라. 만약 털끝만치라도 이르지 못함이 있으면 모두 내 마음에 다하지 못한 바가 있기 때문이니라.

주 • 사(事)⇨여기에서는 섬긴다는 뜻. • 가인(家人)⇨자기 집사람. • 노복(奴僕)⇨남자 종. • 연후(然後)⇨그런 뒤. • 진(盡)⇨다한다. • 호말(毫末)털끝. • 불지(不至)⇨이르지 못한다. 미흡한 것. • 유소미진(有所未盡)⇨다하지 못한 바 있으므로.

或이 問簿는 佐令者也니 簿欲
혹 문부 좌령자야 부욕

所爲를 令或不從이면 奈何닛고
소위 영혹부종 내하

伊川先生이 曰當以誠意動
이천선생 왈당이성의동

之니라 今令與簿不和는 便是
지 금령여부불화 변시

爭私意요 令은 是邑之長이니
쟁사의 영 시읍지장

若能以事父兄之道로 事之
약능이사부형지도 사지

하여 過則歸己하고 善則唯恐不
과즉귀기 선즉유공불

歸於令하여 積此誠意면 豈有
귀어령 적차성의 기유

不動得人이리오
부 동 득 인

【풀이】 어떤 사람이 묻기를, 「부(簿)는 영(令)을 보좌하는 사람입니다. 부가 하고자 하는 바를 영이 혹시 따르지 않는다면 어떻게 합니까?」 이천선생(伊川先生)이 대답하기를, 「마땅히 진실로서 움직여야 할 것이다. 이제 영과 부가 화목하지 않는 것은 곧 개인적인 생각으로 다투기 때문이다. 영은 고을의 장관이니 만약 부형을 섬기는 도리로 섬겨서 잘못이 있으면 자기에게로 돌리고 잘한 것은 영에게로 돌아가지 않을 것을 두려워하여 이와같은 성의(誠意)를 쌓는다면 어찌 사람을 움직이지 못함이 있을 것인가?」

주 •이천선생(伊川先生)⇨이름은 이(頤) 명도(明道) 정호(程顥)의 아우이며 북송(北宋)의 유학자. 형 명도와 더불어 이정자(二程子)로 불리우며 성리학(性理學)을 일으키는 데 공이 컸음. •부(簿)⇨관청의 장(長)을 보좌하는 직위(職位). •영(令)⇨현령(縣令)을 말함. •내하(奈何)⇨어떻게 할 것인가? •사의(私意)⇨개인적인 생각. •귀기(歸己)⇨잘못을 자기에게로 돌리는 것.

劉安禮－問臨民한대 明道先生이 曰使民으로 各得輸其情
유 안 례 문 림 민 명 도 선 생 왈 사 민 각 득 수 기 정

이니라 問御吏한대 曰正己以格物이니라
문어리 왈정기이격물

【풀이】 유안례(劉安禮)가 백성을 대하는 도리를 물으니 명도선생(明道先生)이 대답하기를, 「백성으로 하여금 각각 그들의 뜻을 펴게 할 것이니라.」 아전을 거느리는 도리를 물으니, 「자기를 바르게 함으로써 남을 바르게 할 수 있느니라.」

주 • 유안례(劉安禮)⇨자는 원소(元素). 북송(北宋) 사람. • 수기정(輸其情)⇨그 뜻을 관청에 전달하는 것. • 어리(御吏)⇨아전을 통솔하는 것. • 정기(正己)⇨자기를 바르게 하는 것. • 격물(格物)⇨물건을 바르게 하는 것.

抱朴子이 曰迎斧鉞而正諫하며 據鼎鑊而盡言이면 此謂忠臣也이니라
포박자 왈영부월이정간 거정확이진언 차위충신야

【풀이】 포박자가 말하기를, 「도끼로 맞더라도 바른 길로 충고하며, 솥에 넣어 죽이려 하더라도 진실한 말을 다하면 이것을 충신(忠臣)이라고 하느니라.」

주 •포박자(抱朴子)⇨진(晋)나라 사람으로 이름은 갈홍(葛洪), 호(號)가 포박자이다. 신선술(神仙術)을 즐겨 닦았고, 나라 정치에도 간여했다. 그의 저서(著書)도 그의 호를 따서 포박자라고 이름하였다. 내외(內外)두 편으로 나누어져 있으며, 내편에서는 신선술을, 외편에서는 시정(時政)의 득실(得失)과 인사(人事)의 선부(善否)를 논하였다. •부월(斧鉞)⇨도끼를 뜻한다. 부는 작은 도끼이며 월은 큰 도끼.

治家篇
치가편

♧ 집안을 잘 다스려야 그 가정이 화목하고 번성하게 된다. 집안을 다스린다는 말은 곧 살림살이를 의미한다. 살림살이를 잘하면 집안은 경제적으로 부유해지고 자녀들을 훌륭하게 길러낼 수 있으며 상하(上下)의 질서가 잡히고 화락(和樂)하게 된다. 그렇다면 과연 살림살이를 잘할 수 있는 비결은 무엇인가?

司馬溫公이 曰凡諸卑幼 — 事
사마온공 왈범제비유 사

無大小이요 毋得專行하고 必
무 대 소　　무 득 전 행　　필

咨稟於家長이니라
자 품 어 가 장

【풀이】 사마온공이 말하기를, 「모름지기 손아랫사람들은 일의 크고 작음이 없이 제멋대로 행동하지 말고 반드시 집안 어른께 여쭈어 보고서 해야 하느니라.」

주 •비유(卑幼)⇨손아랫사람. •무득(毋得)⇨해서는 안된다. •전행(專行)⇨마음대로 하는 것. •자품(咨稟)⇨웃사람에게 여쭈어 봄.

待客에 不得不豊이요 治家에
대 객　　부 득 불 풍　　치 가

不得不儉이니라
부 득 불 검

【풀이】 손님 접대는 풍성하게 하되, 살림살이는 검소 하게 하라.

太公이 曰痴人은 畏婦고 賢
태 공　　왈 치 인　　외 부　　현

女는 **敬夫**니라
녀 경부

【풀이】 태공이 말하기를, 「바보같은 사람은 아내를 두려워하고 어진 여자는 남편을 공경한다.」

주 • 치인(痴人)⇨바보같은 사람. 또는 어리석은 사람.

凡使奴僕에 **先念飢寒**이니라
범사노복 선념기한

【풀이】 모름지기 노복(奴僕)을 부림에 있어서 먼저 그들의 춥고 배고픈 것을 생각하라.

주 • 사(使)⇨사람을 부리는 것. • 선념(先念)⇨먼저 생각함. • 기한(飢寒)⇨굶주리고 추운 것.

子孝雙親樂이오 **家和萬事成**이니라
자효쌍친락 가화만사성

【풀이】 아들이 효도하면 두 어버이가 즐겁고, 집안이 화목하면 모든 일이 다 이루어진다.

時時防火發하고 夜夜備賊來니라
시 시 방 화 발 야 야 비 적 래

【풀이】 때때로 불이 나는 것을 막고 밤중에 도적이 드는 것을 방지하라.

景行録에 云觀朝夕之早晏하여
경 행 록 운 관 조 석 지 조 안

可以卜人家之興替니라
가 이 복 인 가 지 흥 체

【풀이】 경행록에 이르기를, 「아침 저녁밥의 이르고 늦음을 보아 그 사람 집안의 흥하고 쇠함을 알 수 있느니라.」

文仲子-曰婚娶而論財는 夷
문 중 자 왈 혼 취 이 논 재 이

虜之道也이니라
로 지 도 야

【풀이】 문중자가 말하기를, 「혼인(婚姻)을 하는데 재물을 논하는 것은 오랑캐나 할 짓이니라.」

주 • 문중자(文仲子) ⇨ 수(隨)나라 때 학자 왕통(王通)을 가리킴. 자기의 건의(建議)가 조정에 받아들여지지 아니하자 은퇴하여 후진 육성에 힘을 기울였다. 이세민(李世民)을 도와 당(唐)나라를 일으켰고, 어린 재상으로 이름높은 방현령(房玄齡), 두여회(杜如晦), 위징(魏徵) 등을 배출하였다. 저서(著書)로서는 중설(中說)이 현재까지 전해지고 있다. 문중자(文仲子)란 그가 죽은 후 문인들이 부른 호다. • 혼취(婚娶) ⇨ 남녀의 결혼. • 이로(夷虜) ⇨ 오랑캐.

安義篇
안 의 편

♧ 사람에게 있어서 부부관계는 무엇보다도 중요하다. 부부관계가 성립된 연후에 가정이 있고 자식이 있으며 형제가 있게 된다. 부부가 존재함으로써 모든 친척이 있게 되고, 사회가 있게 되며 나라가 존재하게 된다. 그러므로 부부를 바탕으로 한 자식과 형제, 즉 삼친(三親)에 관한 기본 정신이 확립되지 않으면 결코 올바른 삶을 누릴 수가 없게 된다.

顔氏家訓에 曰夫有人民而
안 씨 가 훈 왈 부 유 인 민 이

後에 有夫婦하고 有夫婦而後에
후 유 부 부 유 부 부 이 후

有父子하고 有父子而後에 有
유 부 자 유 부 자 이 후 유

兄弟하니 一家之親은 此三者
형 제 일 가 지 친 차 삼 자

而已矣라 自玆以往으로 至于
이 이 의 자 자 이 왕 지 우

九族이 皆本於三親焉故로 於
구 족 개 본 어 삼 친 언 고 어

人倫에 爲重也니 不可不篤이니라
인 륜 위 중 야 불 가 부 독

【풀이】 안씨 가훈에 이르기를, 「무릇 백성이 있은 다음에 부부가 있고, 부부가 있은 다음에 부자가 있고, 부자가 있은 다음에 형제가 있는 것이니, 한 집의 친함은 이 세 가지 뿐이니라. 이로부터 나아가 구족(九族)에 이르기까지는 모두 이 삼친(三親)에 근본이 있는지라. 그러므로 이 삼친은 인륜에 있어서 가장 중요한 것이니 돈독하게 아니하지 못하느니라.」

주 •안씨가훈(顔氏家訓)⇨북제(北齊)의 안지추(顔之推)가 지었으며 두 권으로 되어 있음. •자자이왕(自玆以往)⇨이로부터 나아가. •구족(九族)⇨고조(高祖)로부터 증조(曾祖), 조부(祖父), 부(父), 자기, 아들,

손자, 증손(曾孫), 현손(玄孫)까지의 직계친(直系親)을 중심으로 하여 형제, 종형제(從兄弟), 재종형제(再從兄弟), 삼종형제(三從兄弟)를 포함하는 동종친족(同宗親族)의 총일컬음. 이 외에 부족(父族)넷, 모족(母族)셋, 처족(妻族)둘을 합하여 일컫기도 함. •삼친(三親)⇨ 부부, 부자, 형제를 말함. •불가부독(不可不篤)⇨돈독히 하지 않을 수 없음.

莊子(장자)－曰(왈) 兄弟(형제)는 爲手足(위수족)하고 夫婦(부부)는 爲衣服(위의복)이니 衣服破時(의복파시)엔 更得新(경득신)이어니와 手足斷處(수족단처)엔 難可續(난가속)이니라

【풀이】 장자가 말하기를, 「형제는 손발(手足)과 같고 부부는 의복과 같으니 의복이 닳아졌을 때는 새것으로 갈아 입을 수 있지만 손발이 끊어지면 잇기가 어렵다.」

蘇東坡(소동파)－云(운) 富不親兮貧不踈(부불친혜빈불소)는 此是人間大丈夫(차시인간대장부)요 富(부)

則進兮貧則退는 此是人間
즉 진 혜 빈 즉 퇴 차 시 인 간

眞小輩니라
진 소 배

【풀이】 소동파가 말하기를, 「부자라고 해서 친하지 않으며 가난한 사람이라고 해서 멀리하지 않음은 이것이 바로 사람 가운데서 대장부요, 부유하다고 해서 나아가고 가난하다고 해서 물러남은 이는 곧 사람 가운데서 참으로 소인배(小人輩)이니라.」

주 •불소(不疎)⇨멀리하지 않음. •소배(小輩)⇨소인배(小人輩).

遵禮篇
준 례 편

♧ 예의(禮義)를 지키는 것은 곧 인간의 근본 양심을 지키는 것과 같다. 예(禮)란 법률 이전에 이미 인간의 질서 유지를 위한 규범(規範)이 된다. 예의가 바르다는 것은 곧 질서를 잘 지킨다는 의미도 되며, 질서있는 행위는 곧 그 사람의 고상한 인격의 표현이다. 따라서 우리는 예의를 지킬 줄 아는 양심있는 사람이 되어야겠다.

子－曰 居家有禮故로 長幼
자　왈 거가유례고 장유
辨하고 閨門有禮故로 三族和하고
변　규문유례고 삼족화
朝廷有禮故로 官爵序하고 田
조정유례고 관작서 전
獵有禮故로 戎事閑하고 軍旅
렵유례고 융사한 군여
有禮故로 武功成이니라
유례고 무공성

【풀이】 공자가 말하기를, 「집안에 예(禮)가 있기 때문에 어른과 아이가 분별이 있고, 규문(閨門)에 예가 있기 때문에 삼족(三族)이 화목하고, 조정에 예가 있기 때문에 벼슬이 순서가 있고, 사냥하는데 예가 있기 때문에 군사(軍事) 일이 숙달되고, 군대에 예가 있기 때문에 무공(武功)이 이루어지느니라.」

주 •거가(居家)⇨집안, 가정. •변(辨)⇨옳고 그름을 가림. 분별함. •전렵(田獵)⇨사냥하는 것. •융사(戎事)⇨일. 군사(軍事)일. •군려(軍旅)⇨군대. •규문(閨門)⇨부녀자가 기거하는 안방.

子-曰 君子-有勇而無禮면
자 왈 군자 유용이무례

爲亂하고 小人이 有勇而無禮
위란 소인 유용이무례

면 爲盜니라
위도

【풀이】 공자가 말하기를, 「군자가 예가 없이 용맹만 있으면 세상을 어지럽게 하고, 소인이 예가 없이 용맹만 있으면 도둑이 되느니라.」

주 •무례(無禮)⇨예의가 없음.

曾子-曰 朝廷엔 莫如爵이요
증자 왈 조정 막여작

鄕黨엔 莫如齒요 輔世長民엔
향당 막여치 보세장민

莫如德이니라
막여덕

【풀이】 증자가 말하기를, 「조정(朝廷)에서는 작위(爵位)보다 더한 것이 없고, 향당(鄕黨)에서는 나이보다 더한

것이 없으며, 세상을 돕고 백성을 다스리는 데는 덕보다 더한 것이 없느니라.」

주 •향당(鄕黨)⇨마을. •치(齒)⇨나이. •보세(輔世)⇨세상을 돕는 것. •장민(長民)⇨백성을 잘 살 수 있게 인도하는 것. •증자(曾子)⇨ 이름은 삼(參)이며, 전국시대 사람이다. 공자의 제자로서 효행이 높았다.

老少長幼는 天分秩序니 不可悖理而傷道也이니라
노소장유 천분질서 불가패리이상도야

【풀이】 노소(老少)와 장유(長幼)는 하늘이 정한 순서이니 자연의 바른 이치를 어기고 도(道)를 상하게 해선 안 되느니라.

出門如見大賓하고 入室如有人이니라
출문여견대빈 입실여유인

【풀이】 문밖에 나갈 때는 큰 손님을 대하는 것과 같이 하고 방안에 들어갈 때는 사람이 있는 것 같이 하라.

주 •출문(出門)⇨문 밖으로 나가는 것. •대빈(大賓)⇨큰 손님. •여유인(如有人)⇨사람이 있는 것 같이 함.

若要人重我인대 無過我重人이니라
약 요 인 중 아 무 과 아 중 인

【풀이】 만약 남이 나를 중하게 여기기를 원한다면 내가 남을 중하게 여기는 데서 더한 것이 없느니라.

父不言子之德하며 子不談父之過니라
부 불 언 자 지 덕 자 부 담 부 지 과

【풀이】 아버지는 아들의 덕을 말하지 말아야 하며, 아들은 아버지의 허물을 말하지 말아야 하느니라.

주 •불담(不談)⇨말하지 않음.

言語篇
언 어 편

♧ 말 한 마디로 천냥 빚을 갚는다는 속담이 있다. 말이란 그만큼 중요한 것이다. 말 한 마디 잘못하여 패가망신하는 경우를 우리는 종종 보게 된다. 말이란 그 영향력이 매우 커서 한 개인은 물론 그 집안이나, 나아가서는 한 나라의 흥망성쇠까지 좌우하게 된다. 그러므로 올바른 언어생활로 보다 향상된 삶을 영위해 나가도록 힘쓰지 않으면 안된다.

劉會-曰言不中理면 不如不言이니라
유 회 왈 언 부 중 리 불 여 불 언

【풀이】 유회가 말하기를, 「말이 이치에 맞지 아니하면 말하지 아니함만 같지 못하느니라.」

주 •중리(中理)⇨이치에 맞음.

一言不中이면 千語無用이니라
일 언 부 중 천 어 무 용

【풀이】 한 마디 말이 잘못되면 천 마디 말이 쓸 데 없게 되느니라.

君平이 曰口舌者는 禍患之
군평 왈구설자 화환지

門이요 滅身之斧也이니라
문 멸신지부야

【풀이】 군평이 말하기를, 「입과 혀는 재앙과 근심의 문이요, 몸을 망치게 하는 도끼와 같느니라.」

주 •화환(禍患)⇨재앙과 근심. •멸신(滅身)⇨몸을 망치게 함. •군평(君平)⇨인물 미상(未詳)임.

利人之言은 煖如綿絮하고 傷
이인지언 난여면서 상

人之語는 利如荊棘하야 一言
인지어 이여형극 일언

半句ㅡ重値千金이요 一語傷
반구 중치천금 일어상

人에 痛如刀割이니라
인 통여도할

【풀이】 사람을 이롭게 하는 말은 따사롭기가 솜과 같고, 사람을 해치는 말은 날카롭기가 가시와 같아서 한 마디 말이 중하기가 천금과 같고, 한 마디 말이 사람을 해침은 아프기가 칼로 베는 것과 같느니라.

주 •이인(利人)⇨사람을 이롭게 함. •면서(綿絮)⇨솜. •형극(荊棘)⇨가시. •중치천금(重値千金)⇨중하기가 천금과 같음. •도할(刀割)⇨칼로 벰.

口是傷人斧요 **言是割舌刀**니
구 시 상 인 부 언 시 할 설 도

閉口深藏舌이면 **安身處處牢**니라
폐 구 심 장 설 안 신 처 처 뢰

【풀이】 입은 사람을 해치게 하는 도끼요, 말은 혀를 자르는 칼이니 입을 막고 혀를 깊이 감추면 몸이 어느 곳에 있으나 편안할 것이니라.

주 •할설도(割舌刀)⇨혀를 자르는 칼. •심장설(深藏舌)⇨혀를 깊이 감춤. •뢰(牢)⇨견고함.

逢人且說三分話하되 **未可全**
봉 인 차 설 삼 분 화 미 가 전

拋一片心이니 **不怕虎生三個**
포 일 편 심 불 파 호 생 삼 개

口요 只恐人情兩樣心이니라
구 지공인정양양심

【풀이】 사람을 만날 때는 말을 삼분(三分)만 하되자기가 지니고 있는 한 조각 마음을 모두 버리지 말아라. 호랑이에게 세 입이 있음을 두려워하지 말고 오로지 사람의 두 가지 마음을 두려워하라.

주 •삼분화(三分話)⇨열 마디 가운데 세 마디만 하는것. •전포(全抛)⇨다 던져버림. •불파호생삼개구(不怕虎生三個口)⇨호랑이에게 세 입이나 있음을 두려워하지 말라.

酒逢知己千鍾少요 話不投機一句多니라
주봉지기천종소 화불투기일구다

【풀이】 술은 친한 벗을 만나면 천 잔도 적고, 말은 뜻이 맞지 않으면 한 마디도 많느니라.

주 •지기(知己)⇨친한 벗. •천종(千鍾)⇨천 잔. •투기(投機)⇨의사(意思)가 상통하는 것.

交友篇
교 우 편

♧ 사람은 사회적인 동물이다. 혼자서는 결코 살아갈 수 없는 것이 우리의 삶이다. 붕우유신(朋友有信)이 오륜(五倫)의 하나로 되어있는 것도 바로 그러한 연유에서이다. 혼자 살아갈 수 없는 삶이기 때문에 많은 벗을 사귀며 생활을 이끌어간다. 벗이란 서로를 위해 헌신하는 것이다. 그러나 우리는 지금 우리의 생활 속에서 어떤 교우(交友) 관계를 맺고 있는가?

子－曰 與善人居에 如入芝
자 왈 여선인거 여입지

蘭之室하여 久而不聞其香하되
란지실 구이불문기향

即與之化矣요 與不善人居에
즉여지화의 여불선인거

如入飽魚之肆하야 久而不聞
여입포어지사 구이불문

其臭하되 亦與之化矣니 丹之
기취 역여지화의 단지

所藏者는 赤하고 漆之所藏者는
소장자 적 칠지소장자

黑이라 是以로 君子는 必愼其
흑 시이 군자 필신기

所與處者焉이니라
소여처자언

【풀이】 공자가 말하기를, 「착한 사람과 함께 있으면 지란(芝蘭)이 있는 방에 들어있는 것과 같아서 오래 되어 그 향기를 맡지 못하더라도 곧 함께 화하며, 착하지 못한 사람과 함께 있으면 마치 저린 생선가게에 들어있는 듯하여 오래 되어서는 그 냄새를 맡지 못하더라도 또한 함께 변화하게 된다. 단(丹)의 가진 바는 적(赤)이요, 칠(漆)의 가진 바는 흑이다. 따라서 군자는 반드시 그 함께 있을 사람을 삼가는 것이니라.」

주 •지란지실(芝蘭之室)⇨향기로운 지초와 난초가 있는 방. •문(聞)⇨냄새를 맡는다는 뜻. •여지화(與之化)⇨그것과 같이 함께 동화(同化)됨. •포어(鮑魚)⇨저린 생선. •사(肆)⇨가게. •취(臭)⇨냄새. •소장(所藏)⇨가지고 있음. •소여처자(所與處者)⇨함께 있을 사람을 뜻함.

家語에 云與好學人同行에 如
가어 운여호학인동행 여

霧中行하야 雖不濕衣라도 時時
무중행 수불습의 시시

有潤하고 與無識人同行에 如
유윤 여무식인동행 여

厠中坐하야 雖不汚衣라도 時時
측중좌 수불오의 시시

聞臭니라
문취

【풀이】 가어에 이르기를, 「학문을 좋아하는 사람과 더불어 함께 가면 마치 안개 속을 걸어가는 것과 같아서 비록 옷은 젖지 않더라도 때때로 촉촉한 물기의 배어듦이 있고, 무식한 사람과 더불어 함께 가면 마치 뒷간에 앉아있는 것 같아서 비록 옷은 더럽혀지지 않더라도 그 냄새가 나게 되느니라.」

주 •습의(濕衣)⇨옷이 젖음. •시시(時時)⇨때때로. •측(厠)⇨뒷간. •오의(汚衣)⇨옷이 더러워짐. •문취(聞臭)⇨냄새를 맡게 됨.

子-曰晏平仲은 善與人交로다
자 왈안평중 선여인교

久而敬之온녀
구이경지

【풀이】 공자가 말하기를, 「안평중(晏平仲)은 사람 사귀기를 착하게 한다. 오래도록 이를 공경하도다.」

주 •안평중(晏平仲)⇨이름은 영(嬰). 춘추시대 제나라의 재상으로, 경공(景公)을 도와 제나라의 번영을 꾀했다. 평중(平仲)은 그의 자(字)이다.

相識이 **滿天下**하되 **知心能幾人**고
상식 만천하 지심능기인

【풀이】 서로 얼굴을 아는 사람은 이 세상에 많이 있으나 마음을 아는 사람은 몇이나 있으랴?

酒食兄弟는 **千個有**로되 **急難之朋**은 **一個無**니라
주식형제 천개유 급난지붕 일개무

【풀이】 술과 음식을 먹을 때의 형제는 천 사람도 있으나 위급하고 어려울 때의 친구는 한 사락도 없도다.

주 •주식(酒食)⇨술과 음식. •급난지붕(急難之朋)⇨위급하고 어려울때의 친구.

不結子花는 休要種이요 無義
불결자화 휴요종 무의
之朋은 不可交니라
지붕 불가교

【풀이】 열매를 맺지 않는 꽃은 심지 말고 의리 없는 벗은 사귀지 말라.

君子之交는 淡如水하고 小人
군자지교 담여수 소인
之交는 甘若醴니라
지교 감약례

【풀이】 군자의 사귐은 맑기가 물 같고 소인의 사귐은 그 달콤하기가 단술 같도다.

路遙知馬力이요 日久見人
로요지마력 일구견인
心이니라
심

【풀이】 먼 길을 가보아야 말의 힘을 알고 오랜 날을 지내 보아야 사람의 마음을 아느니라.

婦行篇
부 행 편

♧ 부인의 내조(內助)는 한 남성을 성공으로 이끌기도 하고 파탄과 몰락의 도가니로 떨어뜨리기도 한다. 한 집안의 몰락과 번영은 부인의 덕행과 내조에 달려있다고 해도 과언이 아닐 것이다. 어진 아내를 둔 남편은 재앙에 걸려들지 않는다고 한다. 과연 어진 아내로서의 올바른 행동규범은 어떤 것인가?

益智書에 云女有四德之譽
익지서 운여유사덕지예

하니 一曰婦德이요 二曰婦容이요
일왈부덕 이왈부용

三曰婦言이요 四曰婦工也니라
삼왈부언 사왈부공야

【풀이】 익지서에 이르기를, 「여자에게는 네 가지 덕의 아름다움이 있으니 첫째는 부덕(婦德)이며, 둘째는 부용(婦容)이며, 세째는 부언(婦言)이며, 네째는 부공(婦工)이니라.」

주 •부덕(婦德)⇨여자의 아름다운 덕행. •부용(婦容)⇨여자의 용모. •부언(婦言)⇨여자의 말씨. •부공(婦工)⇨여자의 솜씨. 길쌈과 바느질 등.

婦德者는 不必才名絶異요 婦容者는 不必顔色美麗요 婦言者는 不必辯口利詞요 婦工者는 不必技巧過人也니라

부덕자 불필재명절이 부용자 불필안색미려 부언자 불필변구리사 부공자 불필기교과인야

【풀이】 부덕이라 함은 반드시 재주와 이름이 뛰어남이 아니요, 부용이라 함은 반드시 얼굴이 아름답고, 고움이 아니요, 부언이라 함은 반드시 언변이 좋고 말을 잘함이 아니요, 부공이라 함은 반드시 손재주가 남보다 뛰어남을 말하는 것이 아니니라.

주 •재명(才名)⇨재주와 이름. •절이(絶異)⇨남보다 특별히 뛰어남 •미려(美麗) 아름답고 고움. •안색(顔色)⇨얼굴. •이사(利詞)⇨말을 잘함. •기교(技巧)⇨재주.

其婦德者는 淸貞廉節하여 守分整齊하고 行止有恥하야 動靜有法이니 此爲婦德也요 婦容者는 洗浣塵垢하여 衣服鮮潔하며 沐浴及時하여 一身無穢니 此爲婦容也요 婦言者는 擇師而說하여 否談非禮하고 時然後言하여 人不厭其言이니 此爲婦言也요 婦工者는 專勤紡積하고 勿好暈酒하며 供具甘旨하여

기부덕자 청정렴절 수분정제 행지유치 동정유법 차위부덕야 부용자 세완진구 의복선결 목욕급시 일신무예 차위부용야 부언자 택사이설 부담비례 시연후언 인불염기언 차위부언야 부공자 전근방적 물호운주 공구감지

以奉賓客이니 **此爲婦工也**니라
이 봉 빈 객　　차 위 부 공 야

【풀이】 그 부덕이라는 것은 맑고 절개가 곧으며, 염치가 있고, 절도가 있어 분수를 지키며 몸을 정제하고 행동함에 수줍음이 있고, 동정(動靜)에 법도가 있는 것이니 이것이 곧 부덕이 되느니라. 부용이라는 것은 먼지나 때를 깨끗이 빨아 옷차림을 정결하게 하며, 목욕을 수시로 하여 온 몸에 더러움이 없는 것이니 이것이 곧 부용이니라. 부언이라는 것은 말을 가려서 하며, 예의에 벗어나는 말을 하지 않고, 꼭 해야 할 말만 골라 하여 사람들이 그 말을 싫어하지 아니하는 것이니 이것이 바로 부언이니라. 부공이라는 것은 길쌈을 부지런히 하며, 술 빚는 것을 좋아하지 아니하며, 좋은 맛을 준비하여 손님을 대접하는 것이니 이것이 바로 부공이니라.

주 •정(貞)⇨정절. •염(廉)⇨염치. •절(節)⇨절도. •행지(行止)⇨행동하는 것. •치(恥)⇨수치. 부끄러움. •유법(有法)⇨법도가 있는 것. •세완(洗浣)⇨옷을 빠는 것. •진구(塵垢)⇨먼지와 때. •선결(鮮潔)⇨깨끗한 것. •무예(無穢)⇨더럽지 않음. •불담(不談)⇨말하지 않음. •비례(非禮)⇨예의에 어긋남. •시연후언(時然後言)⇨때가 된 뒤에 말함. •전근방적(專勤紡績)⇨길쌈을 부지런히 하는 것. •운주(暈酒)⇨술 빚는 것. •감지(甘旨)⇨훌륭한 음식.

此四德者는 **是婦人之所不**
차 사 덕 자　　시 부 인 지 소 불

可缺者라 爲之甚易하고 務之在正하니 依此而行이면 是爲婦節이니라
가결자 위지심이 무지 재정 의차이행 시위부 절

【풀이】 이 네 가지 덕은 부녀자로서 하나도 빼놓을 수 없는 것이니 행하기는 매우 쉽고 이를 힘씀이 바른 데 있으니 이에 따라 행하여 나간다면 곧 부녀자로서의 범절이 되는 것이니라.

太公이 曰婦人之禮는 語必細니라
태공 왈부인지례 어필세

【풀이】 태공이 말하기를, 「부인의 예절은 말이 반드시 곱고 섬세해야 하느니라.」

賢婦는 令夫貴요 惡婦는 令夫
현부 영부귀 악부 영부

賤이니라
천

【풀이】 현명한 부인은 남편으로 하여금 귀한 사람이 되게 하고 악한 부인은 남편을 천박하게 만드느니라.

家有賢妻면 夫不遭橫禍니라
가 유 현 처 부 부 조 횡 화

【풀이】 집에 어진 아내가 있으면 그 남편이 불의의 재앙을 만나지 않느니라.

賢婦는 和六親하고 佞婦는 破六親이니라
현 부 화 육 친 녕 부 파 육 친

【풀이】 어진 부인은 육친(六親)을 화목하게 하고 간사한 부인은 육친의 화목을 깨뜨리느니라.

주 •영부(佞婦)⇨간사한 부인. •육친(六親)⇨「父, 母, 兄, 弟, 妻, 子」를 말함. 즉 일가친척.

增補篇
증 보 편

♧ 이 편(篇)부터는 명심보감 본편(本篇)을 보충한 것이다. 우리에게 어떤 충고를 주며, 우리의 삶에 어떤 도움이 되는 금언(金言)이 있는지를 살펴보기로 한다.

周易에 曰善不積이면 不足以
주 역 왈 선 부 적 부 족 이

成名이요 惡不積이면 不足以滅
성 명 악 부 적 부 족 이 멸

身이어늘 小人은 以小善으로 爲无
신 소 인 이 소 선 위 무

益而弗爲也하고 以小惡으로 爲
익 이 불 위 야 이 소 악 위

无傷而弗去也니라 故로 惡積
무 상 이 불 거 야 고 악 적

而不可掩이요 罪大而不可解니라
이 불 가 엄 죄 대 이 불 가 해

【풀이】 주역에 이르기를, 「스스로 선을 쌓지 아니하면 이름을 이루기에 충분하지 못하고, 악을 쌓지 아니하면 몸을 망치기에 충분하지 못하는데, 소인은 작은 선으로서는 이로움이 없다고 생각하여 행하지 않고, 작은 악으로써는 해로움이 없다고 생각하여 버리지 아니한다. 그러므로 악이 쌓이게되면 가리울 수 없고, 죄가 크면 풀지를 못하느니라.」

주 •주역(周易)⇨중국 상고(上古)시대에 복희씨(伏羲氏)가 그린 괘(卦)로 이에대해 주나라 문왕(文王)이 총설(總說)하여 괘사(卦辭)라 하고, 주공(周公)이 이것의 육효(六爻)에 대하여 자세한 설명을 더하여 효사(爻辭)라 했는데 공자가 또 여기에 심오(深奧)한 원리를 붙여 십익(十翼)을 더하였다. 음양(陰陽)의 이원(二元)으로서 이 세상의 모든 사물을 설명하고, 이원(二元)은 태극(太極)에서 나온다고 하였다. 주대(周代)에 대성되었기 때문에 주역(周易)이라 한다.

履霜하면 堅氷至라하니 臣弑其
이 상 견 빙 지 신 시 기

君하며 子弑其父非一旦一夕
군 자 시 기 부 비 일 단 일 석

之事이라 其由來者 – 漸矣니라
지 사 기 유 래 자 점 의

【풀이】 서리를 밟으면 굳은 얼음이 다다르니 신하가 그 임금을 죽이며 자식이 그 아비를 죽이는 것이 하루 아침이나 하루 저녁에 이루어지는 일이 아니라 그 비롯됨이 오래니라.

주 이상(履霜)⇨서리를 밟는 것. •견빙(堅氷)⇨굳은 얼음. •시(弑) ⇨ 자식이 아비를 죽이거나 신하가 임금을 죽이는 것. •일단일석 (一旦一夕)⇨하루 아침이나 하루 저녁. •유래(由來)⇨비롯됨.

八反歌 八首
팔 반 가 팔 수

♧ 인간의 정(情)은 「내리사랑」이라는 말도 있지만, 모든 사람들이 제 자식 사랑할 줄은 알면서도 제 부모 섬길 줄은 모른다. 여기에 소개한 여덟편의 노래(八反歌)는 우리가 어버이께 어떤 마음가짐으로 봉양하여야 하는 가를 잘 나타내 보여 주고 있다.

幼兒－或 詈我하면 我心에 覺
유 아 혹 리 아 아 심 각

懽喜하고 父母－嗔怒我하면 我
환 희 부 모 진 노 아 아

心에 反不甘이라 一喜懽一不
심 반불감 일희환일불

甘하니 待兒待父心何懸고 勸
감 대아대부심하현 권

君今日逢親怒어든 也應將親
군금일봉친노 야응장친

作兒看이니라
작아간

【풀이】 어린 아이가 혹 나를 꾸짖는다면 나는 마음에 기쁨을 느끼고, 부모가 화를 내어 나를 꾸짖는다면 나의 마음은 도리어 좋게 여겨지지 아니한다. 하나는 기쁘고 하나는 좋지 아니하니 아이를 대하는 마음과 아버지를 대하는 마음이 어찌 그다지도 다른가. 그대에게 권하노니 오늘에 어버이의 화내심을 만나거든 또한 모름지기 어버이를 아이와 같이 볼 것이니라.

주 유아(幼兒)⇨어린 아이. •이(詈)⇨꾸짖는 것. •각(覺)⇨깨달음. 느낌. •환희(懽喜)⇨기쁨. •진노(嗔怒)⇨화내는 것. •반(反)⇨도리어. •불감(不甘)⇨달갑지 않다. 언짢다.

兒曹는 出千言하되 君聽常不
아조 출천언 군청상불

厭하고 父母는 一開口하면 便道
염 부모 일개구 편도

多閑管이라 非閑管親掛牽이라
다한관 비한관친괘견

皓首白頭에 多諳諫이라 勸君
호수백두 다암간 권군

敬奉老人言하고 莫教乳口爭
경봉노인언 막교유구쟁

長短하라
장단

【풀이】 어린 자식들은 여러 가지 말을 해도 그대가 듣기에 늘 싫어하지 않고, 부모는 한 번 입을 열면 곧 잔소리가 많다고 한다. 쓸데없이 살핌이 아니라 어버이는 염려가 되어 그러는 것이니라. 흰 머리가 되도록 긴세월에 아는 것이 많도다. 그대에게 나이많은 사람의 말을 공경하여 받들고 젖 냄새 나는 입으로 길고 짧음을 다투지 말 것을 권하느니라.

幼兒尿糞穢는 君心에 無厭忌
유아뇨분예 군심 무염기

로되 老親涕唾零에 反有憎嫌
노친체타령 반유증혐

意니라 六尺軀來何處요 父精
의 육척구래하처 부정

母血成汝體라 勸君敬待老
모혈성여체 권군경대노

來人하라 壯時爲爾筋骨敝니라
래인 장시위이근골폐

【풀이】 어린 아이의 오줌과 똥 같은 더러운 것은 그대 마음에 싫어함이 없으되, 늙은 어버이의 눈물과 침이 떨어지는 것은 도리어 미워하고 싫어하는구나. 여섯 자나 되는 몸이 어느 곳에서 왔는가 아버지의 정기와 어머니의 피로 그대의 몸이 만들어졌느니라. 그대에게 권하노니 늙어가는 사람을 공경하여 대접하라. 젊었을 동안 그대를 위하여 힘줄과 뼈가 닳도록 수고하였느니라.

주 •요분예(尿糞穢)⇨오줌, 똥의 더러운 것. •군심(君心)⇨그대의 마음. •염기(厭忌)⇨싫어하는 것. •체타령(涕唾零)⇨눈물과 침이 떨어지는 것. •증혐의(憎嫌意)⇨미워하고 싫어함. •구(軀)⇨몸. •경대(敬待)⇨공경해서 대접하는 것. •노래인(老來人)⇨늙어가는 사람. •위이(爲爾)⇨너를 위하여.

看君晨入市하여 買餅又買餻
간군신입시 매병우매고

하니 少聞供父母하고 多說供兒
소 문 공 부 모 다 설 공 아

曹라 親未啖兒先飽하니 子心이
조 친 미 담 아 선 포 자 심

不比親心好라 勸君多出買餠
불 비 친 심 호 권 군 다 출 매 병

錢하여 供養白頭光陰少하라
전 공 양 백 두 광 음 소

【풀이】 그대가 새벽에 시장에 나가서 떡을 사는 것을 보는데 부모에게 드린다는 말은 별로 듣지 못하고 흔히 자식들에게 준다는 말을 들었다. 어버이는 아직 씹지도 아니하였는데 자식이 먼저 배부르니 자식의 마음은 부모의 좋아하는 마음에 비하지 못하리라. 그대에게 권하노니 떡살 돈을 많이 내서 앞날이 얼마 남지 않은 늙은 부모를 봉양하라.

市間賣藥肆에 惟有肥兒丸하고
시 간 매 약 사 유 유 비 아 환

未有壯親者하니 何故兩般看
미 유 장 친 자 하 고 양 반 간

고 兒亦病親亦病에 醫兒不比
아역병친역병 의아불비

醫親症이라 割股라도 還是親的
의친증 할고 환시친적

肉이니 勸君亟保雙親命하라
육 권군극보쌍친명

【풀이】 시중에 있는 약 파는 가게에 아이를 살찌게 하는 약은 오직 있어도 어버이를 튼튼하게 하는 약은 없으니 무슨 까닭으로 이 두 가지를 보는가? 아이와 어버이가 함께 병들었을 때 아이의 병을 고치는 것은 어버이의 병을 고치는 것에 비하지 못할 것이니라. 다리를 베더라도 다시 어버이의 살이니 그대에게 지극히 부모의 목숨을 보중(保重)할 것을 권하노라.

富貴엔 養親易로되 親常有未
부귀 양친이 친상유미

安하고 貧賤엔 養兒難하되 兒不
안 빈천 양아난 아불

受饑寒이라 一條心兩條路에
수기한 일조심양조로

爲兒終不如爲父라 勸君兩
위 아 종 불 여 위 부 권 군 양

親은 如養兒하고 凡事를 莫推
친 여 양 아 범 사 막 추

家不富하라
가 불 부

【풀이】 부하고 귀하면 어버이를 받들어 섬기기 쉬우나 어버이는 항상 미안한 마음이 있고, 가난하고 천하면 아이를 기르기 어려우나 아이는 배고프고 추운 것을 견디려 하지 않는다. 한 가지 마음과 두 가지 길에 아들을 위하는 마음이 마침내 어버이를 위하는 마음만 같지 못하느니라. 그대에게 권하노니 부모님 섬기기를 아이를 기르는 것과 같이하고, 무릇 부모님 섬기는 일을 집이 가난한 데만 미루지 말라.

養親엔 只有二人이로되 常與兄
양 친 지 유 이 인 상 여 형

弟爭하고 養兒엔 雖十人이나
제 쟁 양 아 수 십 인

君皆獨自任이라 兒飽煖親常
군 개 독 자 임 아 포 난 친 상

問하되 父母饑寒不在心이라 勸
문 부모기한부재심 권

君養親을 須竭力하라 當初衣
군양친 수갈력 당초의

食이 被君侵이니라
식 피군침

【풀이】 어버이를 받들어 섬기는 데는 다만 두 분 뿐인데도 늘 형과 아우가 서로 다투고 아이를 기르는 데는 비록 열 사람이라도 모두 자기 혼자 맡느니라. 아이가 배부르고 따뜻한 지에 대해서는 어버이가 늘 물으나, 어버이의 배고프고 추운 것에 대해서는 마음에 두지 않는다. 그대에게 권하노니 어버이 섬기기를 무릇 힘을 다하여 하라. 부모님은 애초에 입는 것과 먹는 것을 그대에게 빼앗겼느니라.

親有十分慈하되 君不念其恩
친유십분자 군불념기은

하고 兒有一分孝하되 君就揚其
아유일분효 군취양기

名이라 待親暗待兒明하니 誰識
명 대친암대아명 수식

高堂養子心하고 勸君漫信兒
고 당 양 자 심　권 군 만 신 아

曹孝하라 兒曹親子在君身이니라
조 효　아 조 친 자 재 군 신

【풀이】 어버이는 지극히 그대를 사랑하지만 그대는 그 은혜를 생각하지 아니하고 자식이 조금이라도 효도하게 되면 그대는 곧 그 이름을 빛내려 하는구나. 어버이를 대접하는 것은 어두운데 자식을 대하는 것은 밝으니 누가 어버이의 자식 기르는 마음을 알 수 있으랴. 그대에게 권하노니 쓸데없이 아이들의 효도를 너무 믿지 말라. 아이들의 어버이가 바로 그대가 아닌가?

주 •자(慈)⇨자비. 사랑. •일분(一分)⇨조금. 약간. •양기명(揚其名)⇨그 이름을 빛냄. •대친암(待親暗)⇨어버이를 대접함이 어둡다. •고당(高堂)⇨부모. •만신(漫信)⇨쓸데없이 믿는 것. •군신(君身)⇨그대의 몸이라는 뜻임.

孝行篇〈續篇〉
효 행 편 (속 편)

♧ 정성이 지극하면 하늘도 감동한다는 말이 있다. 정성을 다하여 그 부모를 섬기면 하늘도 복을 내려준다. 우리는 우리를 낳아주고 길러 주신 어버이께 한 시라도 소홀함이 있어서는 안되겠다. 부모님 살아 생전에 조금이라도 더 편히 모실 수 있도록 혼신의 노력을 기울여야 할 것이다.

孫順이 家貧하여 與其妻로 傭
손순 가빈 여기처 용

作人家以養母할새 有兒每奪
작인가이양모 유아매탈

母食이라 順이 謂妻曰兒奪母
모식 순 위처왈아탈모

食하니 兒는 可得이어니와 母難再求라하고
식 아 가득 모난재구

乃負兒往歸醉山北郊하여 欲
내부아왕귀취산북교 욕

埋掘地러니 忽有甚奇石鍾이어늘
매 굴 지 홀 유 심 기 석 종

驚恠試撞之하니 舂容可愛라
경 괴 시 당 지 용 용 가 애

妻曰得此奇物은 殆兒之福이라
처 왈 득 차 기 물 태 아 지 복

埋之不可라하니 順이 以爲然하여
매 지 불 가 순 이 위 연

將兒與鍾還家하여 懸於樑撞
장 아 여 종 환 가 현 어 양 당

之러니 王이 聞鍾聲이 淸遠異
지 왕 문 종 성 청 원 이

常而覈聞其實하고 曰昔에 郭
상 이 핵 문 기 실 왈 석 곽

巨 埋子엔 天賜金釜러니 今孫
거 매 자 천 사 금 부 금 손

順이 埋兒엔 地出石鍾하니 前後
순 매 아 지 출 석 종 전 후

符同이라하고 賜家一區하고 歲給米
부 동 사 가 일 구 세 급 미

五十石하니라
오 십 석

【풀이】 손순이 집이 가난하여 그 아내와 함께 남의 집에 머슴살이를 하며 그 어머니를 받들어 섬기는 데 아이가 있어 늘 어머니의 잡수시는 것을 빼앗는지라, 순이 아내에게 타일러 말하기를, 「아이가 어머니의 잡수시는 음식을 빼앗으니 아이는 또 얻을 수 있거니와 어머니는 다시 구하기 어렵도다」 하고 마침내 아이를 업고 취산(醉山) 북쪽 골짜기로 가서 묻으려고 땅을 팠다. 그때 문득 매우 이상한 석종(石鍾)이 있으므로 놀랍고 기이하게 여기어 시험삼아 두드려 보니 울리는 소리가 아름답고 사랑스러웠다. 그것을 보고 아내가 말하기를, 「이처럼 기이한 물건을 얻은 것은 다름아닌 아이의 복이니 묻지 마십시오.」 순도 옳게 생각하여 아이를 데리고 종을 가지고 집으로 돌아왔다. 종을 대들보에 달아놓고 이것을 울렸더니 왕이 이것을 듣고는 종소리가 맑고 멀리 들리며 이상스러운 것을 보고 기이하게 여기어 그 사실을 조사해 본 다음, 「옛날 곽거(郭巨)가 아들을 묻었을 때엔 하늘이 금으로 만든 솥을 내려 주시었는데 이

제 손순이 아들을 묻으니 땅에서 석종(石鍾)이 나왔으니 앞과 뒤가 서로 꼭 맞는구나」하시고는 집 한 채를 주시고, 해마다 쌀 오십 석(五十石)을 하사하시었다.

주 •손순(孫順)⇨신라때의 사람으로 모량리(牟梁理)에서 살았다. •곽거(郭巨)⇨중국 이십사효(二十四孝)의 한 사람. 후한(後漢)때 사람으로서 효성이 지극하였음.

尙德은 値年荒癘疫하여 父母
상덕 치년황려역 부모

飢病濱死라 尙德이 日夜不解
기병빈사 상덕 일야불해

衣하고 盡誠安慰하되 無以爲養
의 진성안위 무이위양

則刲髀肉食之하고 母發癰에
즉규비육식지 모발옹

吮之卽瘉라 王이 嘉之하여 賜賚
윤지즉유 왕 가지 사뢰

甚厚하고 命旌其門하고 立石紀
심후 명정기문 입석기

事하니라
사

【풀이】 상덕(尙德)은 흉년과 염병이 유행하는 때를 만나서 어버이가 굶주리고 병들어 죽게 되었는지라, 상덕이 밤낮으로 옷을 벗지 않고 정성을 다하며, 편안하게 하고 위로해 드리되 봉양할 것이 없으면 넓적다리 살을 베어 잡수시도록 하고, 어머니가 종기가 나자 빨아서 낫게 하였다. 임금께서 이 소문을 들으시고 어여삐 여겨 상을 후하게 내리시고, 그 집에 정문(旌門)을 세울 것을 명하시고, 비석을 세워 이 일을 기록하여 세상에 알리게 하시었다.

주 •상덕(尙德)⇨신라 사람임. 효행이 지극하기로 유명함. •치(値) ⇨ 당하여, 만나서. •연황(年荒)⇨흉년이 든 해. •여역(癘疫)⇨ 전염병이 유행됨. •불해의(不解衣)⇨옷을 벗지 않음. •진성(盡誠)⇨정성을 다함. •규(刲)⇨찌름. 벰. •비육(髀肉)⇨넓적다리 고기. •발옹(發癰)⇨종기가 나다. •윤(吮)⇨입으로 빨다. •유 ⇨ 낫다. •가지(嘉之)⇨어여삐 여김. •사뢰(賜賚)⇨임금이 물건을 하사함. • 심후(甚厚)⇨심히 두터움. •정기문(旌其門)⇨정문(旌門)을 세움.

都氏家貧至孝라 賣炭買肉
도씨가빈지효 매탄매육

하여 無闕母饌이러라 一日은 於市에
무궐모찬 일일 어시

晩而忙歸러니 鳶忽攫肉이어늘 都
만이망귀 연홀확육 도

悲號至家하니 鳶旣投肉於庭
비 호 지 가 연 기 투 육 어 정

이러라 一日 母病索非時之紅
일 일 모 병 색 비 시 지 홍

柿어늘 都-彷徨柿林하야 不覺
시 도 방 황 시 림 불 각

日昏이러니 有虎屢遮前路하고 以
일 혼 유 호 루 차 전 로 이

示乘意라 都-乘至百餘里山
시 승 의 도 승 지 백 여 리 산

村하야 訪人家投宿이러니 俄而主
촌 방 인 가 투 숙 아 이 주

人이 饋祭飯而有紅柿라 都喜
인 궤 제 반 이 유 홍 시 도 희

問柿之來歷하고 且述己意한대
문 시 지 래 역 차 술 기 의

答曰亡父嗜柿故로 每秋擇
답 왈 망 부 기 시 고 매 추 택

柿二百個하야 藏諸窟中而至
시 이 백 개 장 제 굴 중 이 지

此五月則完者不過七八이라가
차 오 월 즉 완 자 불 과 칠 팔

今得五十個完者故로 心異
금 득 오 십 개 완 자 고 심 이

之러니 是天感君孝라하고 遺以
지 시 천 감 군 효 유 이

二十顆어늘 都謝出門外하니 虎
이 십 과 도 사 출 문 외 호

尚俟伏이라 乘至家하니 曉鷄喔
상 사 복 승 지 가 효 계 악

喔이러라 後에 母以天命으로 終에
악 후 모 이 천 명 종

都有血淚러라
도 유 혈 루

【풀이】 도씨(都氏)는 집이 가난하였으나 효성이 지극하였다. 숯을 팔아 고기를 사서 어머니께 봉양하기를 게

을리하지 아니하였다. 하루는 시장에서 늦게 서둘러 돌아오는데 소리개가 별안간 고기를 낚아 채 갔다. 도씨가 슬피 울면서 집에 돌아와서 본즉 소리개가 벌써 고기를 집안 뜰에 던져 놓았었다. 하루는 어머니가 병이 나서 때아닌 홍시(紅柿)를 찾으므로 도씨가 감나무 수풀을 방황하여 날이 저무는 것도 느끼지 못한 채 있었더니 호랑이가 나타나 앞길을 가로막고 타라는 듯이 보이는지라, 도씨가 타고 백여 리나 되는 산동네에 이르러 인가를 찾아 투숙(投宿) 했더니 얼마 아니되어 주인이 제사밥을 차려 주는데 홍시가 있었다. 도씨가 기뻐서 감의 내력을 묻고 또 자기의 뜻을 말하였더니 대답하여 말하기를 돌아가신 아버지께서 감을 즐기시므로 해마다 가을이면 감을 이백 개를 가려서 굴 안에 감추어 두었지만 오월이 되면 상하지 않은 것이 7,8개 정도밖에는 되지 아니하였는데 이제 쉰 개나 상하지 않은 것이 있었으므로 마음 속에 이상스럽게 여겼더니 이것은 곧 하늘이 그대의 효성을 감동한 것이라 하고 스무 개를 내어 주는 것이었다. 도씨가 감사한 뜻을 말하고 문밖에 나오니 호랑이는 아직도 엎드려서 기다리고 있었다. 호랑이를 타고 집에 다다르니 새벽 닭이 울었다. 그 후에 어머니가 천수를 누리고 돌아가시니 도씨는 피눈물을 흘리었다.

주 •도씨(都氏)⇨이조 철종때 사람. 효성이 지극하기로 유명함. •무궐(無闕)⇨빠짐이 없다. •어시(於市)⇨장에서. •망귀(忙歸)⇨ 서둘러 돌아가는 것. •연(鳶)⇨소리개 •확육(攫肉)⇨고기를 낚아채는것. •비호(悲號)⇨슬피 우는 것. •색(索)⇨찾는 것. •방황(彷徨)⇨헤매는것 •시림(柿林)⇨감나무 수풀. •일혼(日昏)⇨날이 어두운 것. • 누차(屢遮)⇨가로막는 것. •전로(前路)⇨앞길. •아이(俄而)⇨얼마 안 있어서. •궤(饋)⇨대접하는 것. •차술기의(且述己意)⇨또 자기의 뜻을 설명함. •망부(亡父)⇨돌아가신 아버지. •기(嗜)⇨즐기는 것. •천감군효(天感君孝)⇨하늘이 그대의 효성에 감동함. •유(遺)⇨주는것. •과(顆)⇨낱개. •사복(俟伏)⇨엎드려서 기다림. •효계(曉鷄)⇨새벽닭. •악악(喔喔)⇨닭의 울음소리, 꼬끼오. •혈루(血淚)⇨피눈물.

廉義篇
염 의 편

♧ 이 편(篇)에서는 인간으로서 지켜야 할 미덕 중의 하나인 염결과 의리를 강조하고 있다. 의리를 중히 여기고 청렴결백한 사람에게는 하늘도 무심하지 않았다. 선인(先人)들의 행적을 통하여 의리를 지키는 굳은 마음과 염결의 정신을 본받도록 하자.

印觀이 賣綿於市할새 有署調
인관 매면어시 유서조

者以穀買之而還이러니 有鳶이 攫
자 이 곡 매 지 이 환 유 연 확

其綿하야 墮印觀家어늘 印觀이
기 면 타 인 관 가 인 관

歸于署調曰 鳶墮汝綿於吾
귀 우 서 조 왈 연 타 여 면 어 오

家라 故로 還汝하노라 署調曰鳶이
가 고 환 여 서 조 왈 연

攫綿與汝는 天也ㅣ라 吾何爲
확 면 여 여 천 야 오 하 위

受리오 印觀曰然則還汝穀하리라
수 인 관 왈 연 즉 환 여 곡

署調曰吾與汝者 市二日이니
서 조 왈 오 여 여 자 시 이 일

穀已屬汝矣이라고 二人이 相讓
곡 이 속 여 의 이 인 상 양

이라가 幷棄於市하니 掌市官이 以
병 기 어 시 장 시 관 이

聞王하야 並賜爵하니라
문 왕　　병 사 작

【풀이】 인관(印觀)이 시장에서 솜을 파는데 서조(署調)라는 사람이 곡식으로써 사 가지고 돌아가더니 소리개가 있어 그 솜을 낚아 채 가지고 인관의 집에 다시 떨어뜨렸다. 인관이 서조에게 다시 돌려 보내고 말하기를 「소리개가 너의 솜을 내 집에 떨어뜨렸으므로 너에게 돌려 보낸다」고 하였다. 서조가 말하기를, 「소리개가 솜을 채다가 너를 준 것은 하늘이 한 일인데 내가 어찌 받을 수 있겠는가.」 인관이 말하기를, 「그렇다면 너의 곡식을 돌려 보내리라.」 서조가 말하기를, 「내가 너에게 준 지가 벌써 두 장이 되었으니 곡식은 이미 너에게 속한 것이니라.」 해서 두 사람이 서로 사양하다가 솜과 곡식을 다 함께 장에 버렸다. 장을 맡아 다스리는 관원이 이 사실을 알고 임금께 아뢰이니 임금이 다같이 벼슬을 주었다.

주 •인관(印觀), 서조(署調)⇨두 사람은 다 미상(未詳)임. 신라사람으로 추측함. •면(綿)⇨솜. •시(市)⇨시장. •매(買)⇨물건을 사다. •타(墮)⇨떨어짐. •귀우서조(歸于署調)⇨서조에게 돌려보냄. •환여(還汝)⇨너에게 돌려 준다. •천야(天也)⇨하늘. 하늘이 하는 일. •하위(何爲)⇨어떻게 하여. •여(與)⇨주다. •곡이속여의(穀已屬汝矣)⇨ 곡식은 이미 너에게 속한 것이다. •상양(相讓)⇨서로 양보함. •병기어시(幷棄於市)⇨다 함께 장에 버리다. •장시관(掌市官)⇨장을 맡아보는 관

원. •이문왕(以聞王)⇨임금님께 알림. •병사작(並賜爵)⇨둘 다 벼슬을 주다.

洪基燮이 少貧甚無料러니 一
홍 기 섭 소 빈 심 무 료 일

日早에 婢兒踊躍獻七兩錢曰
일 조 비 아 용 약 헌 칠 양 전 왈

此在鼎中하니 米可數石이요 柴
차 재 정 중 미 가 수 석 시

可數駄니 天賜天賜니다 公이 驚
가 수 태 천 사 천 사 공 경

曰是何金고 卽書失金人推
왈 시 하 금 즉 서 실 금 인 추

去等字하야 付之門楣而待러니
거 등 자 부 지 문 미 이 대

俄而姓劉者來問書意어늘 公이
아 이 성 유 자 래 문 서 의 공

悉言之한대 劉曰理無失金於
실 언 지 유 왈 리 무 실 금 어

人之鼎內하니 果天賜也라 盍
인지정내 과천사야 합

取之닛고 公이 曰非吾物에 何오
취지 공 왈비오물 하

劉一俯伏曰小的이 昨夜에 爲
유 부복왈소적 작야 위

竊鼎來가라 還憐家勢蕭條而
절정래 환련가세소조이

施之러니 今感公之廉介하고 良
시지 금감공지염개 양

心自發하야 誓不更盜하고 願欲
심자발 서불경도 원욕

常待하나니 勿慮取之하소서 公이 卽
상대 물려취지 공 즉

還金曰汝之爲良則善矣나 金
환금왈여지위양즉선의 금

不可取라하고 終不受러라 後에 公이
불가취 종불수 후 공

爲判書하고 其子在龍이 爲憲
위 판 서 기 자 재 룡 위 헌

宗國舅하며 劉亦見信하야 身家
종 국 구 유 역 견 신 신 가

大昌하니라
대 창

【풀이】 홍기섭이 젊었을 적에 집이 매우 가난하여 말 할 수 없더니, 하루는 아침에 어린 계집종이 기쁜 듯이 뛰어 와서 돈 일곱 냥을 바치며 말하기를, 「이것이 솥 속에 있었나이다. 이만하면 쌀이 몇 섬이요, 나무가 몇 바리이옵니다. 참으로 하늘이 내려주신 것이옵니다.」 공이 놀래서 이것이 무슨 돈이냐면서 곧 돈 잃은 사람은 와서 찾아 가라는 글을 써서 대문 위에 붙였다. 얼마 아니 되어 유(劉)가라는 사람이 찾아와 대문에 써 붙인 글의 뜻을 물었다. 공은 지금까지의 일을 하나도 빠짐 없이 사실대로 말해 들려 주었다. 유가가 말하기를 「남의 솥 속에다 돈을 잃을 사람이 있을 리가 없나이다. 참으로 하늘이 주신 것이온데 왜 가지지 아니하시는 것이옵니까.」 공이 말하기를, 「내 물건이 아닌데야 어떻게 갖겠나.」 유가가 꿇어 엎드리며 말하기를, 「소인이 어젯밤 솥을 훔치러 왔다가 도리어 집안이 너무 가난한 것을

불쌍히 여겨 이것을 놓고 갔던 것이옵니다. 이제 공의 염결함에 탄복하여 양심(良心)이 움직여 다시는 도둑질을 않기로 맹세하였나이다. 앞으로는 늘 옆에 모시기를 원하오니 걱정 마시옵고 가지시기를 바라옵니다.」공이 돈을 돌려주며 말하기를,「네가 양민(良民)이 되는 것은 좋으나 이 돈은 가질 수 없다」하고 끝내 받지 아니하였다. 뒤에 공은 판서가 되었고, 그 아들 재룡(在龍)은 헌종(憲宗)의 장인이 되었으며, 유가도 또한 신임을 얻어 몸과 집안이 크게 번성하였다.

주 •홍기섭(洪基燮)⇨본관은 남양, 청렴하기로 이름이 높음. •홍재룡(洪在龍)⇨자는 경천(景天), 홍기섭의 아들, 본관은 남양(南陽), 헌종(憲宗)의 국구(國舅－장인)로서 익풍부원군(益豊府院君)에 봉하여짐. •무료(無料)⇨헤아릴 수 없음. 측량할 수 없음. •일일조(一日早)⇨어느 하루 아침에. •헌(獻)⇨드리다. •정(鼎)⇨솥. •용약(踊躍)⇨좋아서 뛰다. •시(柴)⇨땔나무. •수태(數馱)⇨몇 바리. •천사(天賜)⇨하늘이 내려줌. •실금인(失金人)⇨돈을 잃은 사람. •추거(推去)⇨찾아가는 것. •미(楣)⇨인중방, 문설주. •부지문미(付之門楣)⇨문위에 붙임. •실언지(悉言之)⇨빼놓지 않고 모두 말함. •과(果)⇨참으로. •부복(俯伏)⇨꿇어 엎드림. •소적(小的)⇨소인(小人). •절정(竊鼎)⇨솥을 훔침. •소조(蕭條)⇨매우 쓸쓸함. 지극히 가난함. •시지(施之)⇨베풀다. •연(憐)⇨불쌍히 여기는 것. •가세(家勢)⇨집의 형편. •염개(廉价)⇨청렴한 것. •서(誓)⇨맹세함. •갱(更)⇨다시. •상시(常侍)⇨항상 모시는 것. •물려(勿慮)⇨걱정 말고. •위량(爲良)⇨양민(良民)이 됨. •종불수(終不受)⇨끝내 받지 않음. •헌종(憲宗)⇨이조(李朝) 제24대 임금. •국구(國舅)⇨임금의 장인. •견신(見信)⇨신임받음. •신가(身家)⇨몸과 집안을 말함.

高句麗平原王之女 – 幼時에
고 구 려 평 원 왕 지 녀 　 유 시

好啼러니 王이 戱曰以汝로 將歸
호 제 　 왕 　 희 왈 이 여 　 장 귀

于愚溫達하리라 及長에 欲下嫁
우 우 온 달 　 급 장 　 욕 하 가

于上部高氏한대 女以王不可
우 상 부 고 씨 　 여 이 왕 불 가

食言으로 固辭하고 終爲溫達之
식 언 　 고 사 　 종 위 온 달 지

妻하다 盖溫達이 家貧하야 行乞
처 　 개 온 달 　 가 빈 　 행 걸

養母러니 時人이 目爲愚溫達
양 모 　 시 인 　 목 위 우 온 달

也러라 一日은 溫達이 自山中으로
야 　 일 일 　 온 달 　 자 산 중

負楡皮而來하니 王女訪見曰
부 유 피 이 래 　 왕 녀 방 견 왈

吾乃子之匹也ㅡ라하고 乃賣首飾
오 내 자 지 필 야 내 매 수 식

而買田宅器物하야 頗富하고 多
이 매 전 택 기 물 파 부 다

養馬以資温達하야 終爲顯
양 마 이 자 온 달 종 위 현

榮하니라
영

【풀이】고구려 평원왕(平原王)의 딸이 어렸을 적에 울기를 좋아하므로 왕이 놀리어 말하기를 「너는 장차 바보 온달(温達)에게로 시집 보내리라」고 하였다. 어느덧 공주가 장성하자 상부(上部) 고씨(高氏)에게로 시집보내려 하니 딸이 「임금은 식언할 수 없다」하고 굳이 사양하여 마침내 온달의 아내가 되었다. 그런데 온달은 집이 너무 가난하여 돌아다니며 빌어다가 어머니를 섬기니 그 때 사람들이 이를 보고 바보 온달이라고 불렀다. 하루는 온달이 산에가서 느티나무 껍질을 짊어지고 돌아오니 임금의 딸이 찾아와 보고 말하기를, 「나는 바로 그대의 아내라」하며 머리의 장식품 등을 팔아 논밭과 집과 기물(器物)을 사서 매우 부유해지고 말을 많이

길러 온달을 도와 마침내 이름을 날리고 영달하게 되었다.

주 •평원왕(平原王)⇨고구려의 제25대 임금. •온달(溫達)⇨ 평원왕의 사위. 많은 무공(武功)을 세우고 몸이 크게 영달함. 처음에는 바보 온달로 불리워졌다. 바보 온달의 일화(逸話)는 유명하다. •호제(好啼) ⇨제는 운다는 뜻. 울기를 좋아하다. •희(戲)⇨놀리는 것. 농담. •장귀우우온달(將歸于愚溫達)⇨장차 바보온달에게 시집보낸다는 뜻. •하가(下嫁)⇨임금의 딸이 시집가는 것. 아랫사람에게로 시집가는 것. •식언(食言)⇨거짓말. •고사(固辭)⇨굳게 사양함. •행걸(行乞)⇨다니면서 빌어먹는 것. •시인(時人)⇨그 때 사람. •유피(楡皮)⇨ 느티나무 껍질. •방견(訪見)⇨찾아와 보다. •내(乃)⇨곧, 바로. •자(子) ⇨그대. •필(匹)⇨짝. •오내자지필야(吾乃子之匹也)⇨나는 바로 그대의 짝이다. •수식(首飾)⇨머리를 장식하는 물건. •자(資)⇨돕는다는 뜻. •현영(顯榮)⇨이름이 드날리고 몸이 영달(榮達)함.

勸學篇
권 학 편

♣ 학문이 없는 사회는 결코 발전할 수가 없다. 사람이 삶을 살아가기 위해서는 반드시 학문을 익혀야 한다. 학문은 우리의 삶을 광명(光明)과 행복으로 이끌지만, 반대로 학문이 없는 삶은 암흑과도 같다. 학문이란 아무 때도 가능한 것이 아니다. 학문을 추구할 수 있는 시기가 있다. 이 때를 놓치지 말고 학문에 힘써야 한다.

朱子-曰勿謂今日不學而有來日하며 勿謂今年不學而有來年하라 日月逝矣나 歲不我延이니 嗚呼老矣라 是誰之愆고
주자 왈물위금일불학이유래일 물위금년불학이유래년 일월서의 세불아연 오호노의 시수지건

【풀이】 주자가 말하기를, 「오늘 배우지 아니하고서 내일이 있다고 말하지 말며, 올해에 배우지 아니하고서 내년이 있다고 말하지 말라. 날과 달은 간다. 세월은 나를 위해서 멈추어주지 않는다. 아! 늙었도다, 이 누구의 허물인가?」

주 • 물위(勿謂) ⇨ 말하지 말라. • 일월(日月) ⇨ 날과 달. • 서의(逝矣) ⇨ 간다.

少年은 易老하고 學難成하니 一寸光陰이라도 不可輕하라 未覺池
소년 이노 학난성 일촌광음 불가경 미각지

塘에 春草夢인대 階前梧葉이 已
당 춘초몽 계전오엽 이

秋聲이라
추성

【풀이】 소년은 늙기가 쉽고 학문은 이루기가 어려우니 촌음(寸陰)이라도 헛되이 하지말라. 아직 연못가의 풀이 깨어나기도 전에 섬돌 앞의 오동나무가 벌써 가을 소리를 내도다.

주 • 이로(易老)⇨늙기 쉬움. • 일촌광음(一寸光陰)⇨극히 짧은 시간. • 지당(池塘)⇨연못. • 계전(階前) 섬돌 앞. • 미각(未覺)⇨깨지 못함. 느끼지 못함.

陶淵明詩에 云盛年은 不重來
도연명시 운성년 부중래

하고 一日은 難再晨이니 及時當
일일 난재신 급시당

勉勵하라 歲月은 不待人이니라
면려 세월 부대인

【풀이】 도연명의 시에 이르기를, 「꽃다운 나이는 두번 거듭 오지 아니하고 하루는 다시 새벽이 없나니, 젊었을

적에 학문에 힘쓰라. 세월은 결코 사람을 기다리지 않느니라.」

주 • 도연명(陶淵明)⇨동진(東晋)의 시인. 이름은 잠(潛)이며, 자는 원량(元亮)이다. 팽택령(彭澤令-팽택고을의 수령)이 되었으나 부패된 정치가 싫어서 벼슬을 버리고 고향으로 내려가면서 귀거래사(歸去來辭)를 지었다. • 성년(盛年)⇨꽃다운 나이. 젊은 나이 • 중(重)⇨거듭. • 난재신(難再晨)⇨다시 새벽이 오기 어려움.

荀子-曰不積蹞步면 無以至千里요 不積小流면 無以成江河니라

순자 왈부적규보 무이지 천리 부적소류 무이성강하

【풀이】 순자가 말하기를, 「발걸음을 쌓지 아니하면 천리에 이르지 못하며, 작은 흐름을 모으지 아니하면 강과 바다를 이루지 못하느니라.」

주 • 규보(蹞步)⇨발 걸음. • 불적(不積)⇨쌓지 아니함. • 소류(小流)⇨작은 흐름. • 무이성강하(無以成江河)⇨강과 바다를 이루지 못함.

童蒙先習
동몽선습

♧ 〈동몽선습〉의 저자는 박세무(朴世茂)다. 박세무는 1487년(성종 18)에 나서 1564년(명종 19)에 사망했다. 자는 경번(景番), 호는 소요당(趙遙當)이다. 어려서부터 영리하여 12세에 아버지의 상을 당했으나 예를 다함이 어른과 같았다. 1531년에 문과에 급제하여 여러 벼슬을 거치는 동안 공이 많았다. 그는 성질이 안정(安靜)을 좋아해서 재산을 모으려 하지 않고, 시속에 붙좇지 않았다. 착한 일을 좋아하고 의리를 중히 여겼으며, 부모에 효도하고 형제간에 우애가 깊었다.

그가 지은 이 〈동몽선습〉은 어린이의 교육을 위한 우리 나라 최초의 교과서라는 점에서 귀중한 가치가 있다.

내용은 먼저 총론면에서, 인간이 짐승과 다른 점은 오륜(五倫)을 가졌기 때문이라고 하여 오륜의 내용을 설명하면서 이의 엄수를 강조한다. 그리고 뒤편에는 중국과 우리 나라의 간략한 역사를 서술했다.

이 책은 16세기 이후 우리 어린이 교과서로 널리 읽혀 왔다. 그 뒤 여러 곳에서 여러 차례 출간되고, 아직까지도 시골에서 많이 읽히고 있다.

童蒙先習
동 몽 선 습

天地之間萬物之衆에 惟人이
천 지 지 간 만 물 지 중 유 인

最貴所貴乎人者는 以其有
최 귀 소 귀 호 인 자 이 기 유

五倫也라.
오 륜 야

是故로 孟子-曰父子有親하며
시 고 맹 자 왈 부 자 유 친

君臣有義 夫婦有別하며長幼
군 신 유 의 부 부 유 별 장 유

有序하며 朋友有信이라하시니 人
유 서 붕 우 유 신 인

而不知有五常則其違禽獸
이 부 지 유 오 상 즉 기 위 금 수

不遠矣라.
불 원 의

然則父慈子孝하며 君義臣忠
연 즉 부 자 자 효 군 의 신 충

夫和婦順하며 兄友弟恭朋友
부 화 부 순 형 우 제 공 붕 우

輔仁然後에야 方可謂之人矣라.
보 인 연 후 방 가 위 지 인 의

【풀이】 천지 사이에 있는 만물의 무리 중에서 오직 사람이 가장 귀하니 사람이 귀한 까닭은 다섯가지 인륜이 있기 때문이다. 그러므로 맹자께서 말씀하시기를, 어버이와 자식은 친함이 있고, 임금과 신하는 의리가 있으며, 남편과 아내는 분별이 있고, 어른과 아이는 차례가 있으며, 벗 사이에 믿음이 있다 하시니, 사람으로서 이 오상(五常)을 알지 못하면 그것은 날짐승과 길짐승에 다름이 멀지 않다. 그러니 어버니는 인자하고 자식은 효성스러우며, 임금은 의롭고 신하는 충성스러우며, 남편은 온화하고 아내는 순하며, 형은 사랑하고 아우는 공경하며, 벗은 인(仁)을 도운 연후에야 비로소 사람이라 할 수 있다.

父子有親
부 자 유 친

父子는 天性之親이라 生而育
부 자 천 성 지 친 생 이 육

之하고 愛而教之하며 奉而承
지 애 이 교 지 봉 이 승

之하고 孝而養之하나니 是故로
지 효 이 양 지 시 고

教之以義方하여 弗納於邪하며
교 지 이 의 방 불 납 어 사

柔聲以諫하여 不使得罪於鄉
유 성 이 간 불 사 득 죄 어 향

黨州閭하니
당 주 려

【풀이】 어버이와 자식은 타고난 성품이 친하다. 어버이는 낳아서 기르고 사랑하고 가르치며, 자식은 받들면서 뒤를 잇

고 효도하며 봉양한다. 그러므로 어버이는 자식을 옳은 방법으로 가르쳐 나쁜 곳에 들어가지 않도록 하며, 자식은 부드러운 소리로 간하여 세상에 죄를 짓는 일이 없도록 해야 한다.

苟或夫而父子其子하며 子而不父其父하면 其何以立於世乎리요 雖然이나 天下에 無不是底父母라 父雖不慈나 子不可以不孝니

구혹부이부자기자 자이불부기부 기하이입어세호 수연 천하 무불시저부모 부수부자 자불가이불효

【풀이】 아버지로써 그 자식을 자식으로 여기지 않고, 자식으로써 그 어버이를 어버이로 대접하지 않으면 그 어찌 세상에 설 수가 있는가? 그러나 천하에는 옳지 않은 부모가 없는 까닭에, 어버이가 비록 인자하지 않더라도 자식은 효도를 아니하지 못할지어다.

昔者에 大舜이 父頑母嚚하여 嘗
석자 대순 부완모은 상

欲殺舜이어늘 舜이 克諧以孝하사
욕살순 순 극해이효

烝烝乂하여 不格姦하시니 孝子
증증예 불격간 효자

之道가 於斯에 至矣라 孔子曰
지도 어사 지의 공자왈

五刑之屬이 三千이로되 而罪는
오형지속 삼천 이죄

莫大於不孝라 하니라.
막대어불효

【풀이】 옛날 대순(大舜)이 아버지는 완악하고 어머니는 모질어 일찌기 순을 죽이고자 하였으나, 순은 능히 효도로서 화합하기를 힘써 점점 나아져 간악함에 이르지 않게 하였으니 효자의 도는 이와 같이 지극하다. 그래서 공자께서 말씀하시기를, 「오형(五刑)에 속한 것이 삼천이나 되지만 불효보다 더 큰 죄는 없다」고 하셨다.

君臣有義
군신유의

君臣은 天地之分이라 尊且貴
군신 천지지분 존차귀

焉하며 卑且賤焉하니 尊貴之
언 비차천언 존귀지

使卑賤과 卑賤之事尊貴는
사비천 비천지사존귀

天地之常經이며 古今之通義
천지지상경 고금지통의

是故로 君者는 體元而發號
시고 군자 체원이발호

施令者也요 臣者는 調元而陳
시령자야 신자 조원이진

善閉邪者也라. 會遇之際에 各
선폐사자야 회우지제 각

盡其道하여 同寅協恭하여 以臻
진 기 도 동 인 협 공 이 진

至治하나니
지 치

【풀이】 임금과 신하는 하늘과 땅의 분수라. 임금은 높고 귀하며 신하는 낮고 천하니, 높고 귀한 임금이 낮고 천한 신하를 부리는 것과, 낮고 천한 신하가 높고 귀한 임금을 섬기는 것은 하늘과 땅의 떳떳한 도리이며 옛날과 지금에 공통되는 의리이다.

그러므로 임금은 하늘의 원리를 몸받아 호령을 발하고 명령을 내리는 이요, 신하는 그 원리를 조화시켜 착한 일을 베풀고 간사함을 막는 자다. 임금과 신하가 모이고 만날 때는 각기 그 도리를 다하여, 함께 공경하고 서로 삼가서 훌륭한 정치에 이르게 하여야 한다.

苟或君而不能盡君道하여 臣
구 혹 군 이 불 능 진 군 도 신

而不能修臣職이면 不可與共
이 불 능 수 신 직 불 가 여 공

治天下國家也니라. 雖然이나 吾
치 천 하 국 가 야 수 연 오

君不能을 謂之賊이니 昔者에
군 불 능 위 지 적 석 자

商紂가 暴虐이어늘 比干이 諫而
상 주 폭 학 비 간 간 이

死하니 忠臣之節이 於斯에 盡
사 충 신 지 절 어 사 진

矣라. 孔子曰 臣事君以忠이라
의 공 자 왈 신 사 군 이 충

시니라.

【풀이】 진실로 혹 임금으로써 임금의 도리를 다하지 못하며, 신하로써 신하의 직책을 닦지 못한다면 함께 천하와 국가를 다스리지 못할 것이다. 그러나 우리 임금의 능하지 못함을 적(賊)이라고 말하니, 옛날에 상나라 주왕이 모질고 사나왔는데, 비간이 간하다가 죽으니 충신의 절개는 이에서 다했다. 그래서 공자께서 말씀하시기를, 「신하가 임금을 섬기는데는 충성으로서 해야 한다」고 하셨다.

夫婦有別
부 부 유 별

夫婦는 二姓之合이라 生民之
부부 이성지합 생민지

始며 萬福之原이니 行媒議婚
시 만복지원 행매의혼

하며 納幣親迎者는厚其別也라
납폐친앙자 후기별야

是故로 娶妻하되 不娶同姓하며
시고 취처 불취동성

爲宮室辯內外하여 男子는 居
위궁실변내외 남자 거

外而不言內하고 婦人은 居內
외이불언내 부인 거내

而不言外하니 苟能莊以涖之
이불언외 구능장이이지

하여 以體乾健之道하고 柔以
이체건건지도 유이

正之하여 以承坤順之義則家
정지 이승곤순지의즉가

道正矣라.
도정의

【풀이】 남편과 아내는 두 성(姓)의 결합으로, 백성을 태어나게 하는 시초며 모든 복의 근원이다. 중매를 통하여 혼인을 의논하며 폐백을 드리고 친히 맞이하는 것은 그 분별을 두텁게 함이다. 그러므로 아내를 취하되 같은 성을 취하지 않고, 집을 짓되 안과 밖을 분별하여 남자는 밖에 있으면서 안의 일을 말하지 않고, 부인은 안에 거처하면서 밖의 일을 말하지 않는다. 진실로 남편은 씩씩함으로서 제 위치를 지켜 하늘의 건전한 도리를 몸받고 아내는 부드러움으로서 바로잡아 땅의 순종하는 의리를 이어나가면 집안의 도리는 올바르게 되려니와

反是而夫不能專制하여 御之
반 시 이 부 불 능 전 제 어 지

不以其道하고 婦乘其夫하여 事
불 이 기 도 부 승 기 부 사

之不以其義하여 昧三從之道
지 불 이 기 의 매 삼 종 지 도

하고 有七去之惡則家道가 索
유 칠 거 지 악 즉 가 도 색

矣라 須是夫敬其身하여 以帥
의 수 시 부 경 기 신 이 솔

其婦하고 婦敬其身하여 以承
기 부 부 경 기 신 이 승

其夫하고 內外和順하여야 父母
기 부 내 외 화 순 부 모

其安樂之矣라.
기 안 락 지 의

【풀이】 이에 반하여 남편이 오로지 제어할 수가 없어서 지배하기를 도리로써 하지 못하고, 아내가 남편을 이겨서 섬김을 그 의리로써 아니하여, 삼종지도를 알지 못하고 칠거지악이 있으면 집안의 도리가 어지러워진다. 반드시 남편은 자신을 삼가 그 아내를 거느리고 아내도 자신을 삼가 그 남편을 받들어서 내외가 화평하고 유순해야 부모가 안락을 누릴 수 있다.

昔者에 郤缺이 耨할새 其妻가 饁
석 자 극 결 누 기 처 엽

之하되 敬하여 相待如賓하니 夫婦
지 경 상 대 여 빈 부 부

之道는 當如是也라 子思曰
지 도 당 여 시 야 자 사 왈

君子之道는 造端乎夫婦하시니라.
군 자 지 도 조 단 호 부 부

【풀이】 옛날에 극결이 밭에서 김을 맬 때에 그 아내가 내오는데 공경하여 대접함이 손을 대하는 것 같았다. 부부의 도리는 마땅히 이와 같아야 한다. 그러므로 자사는 말하기를, 「군자의 도리는 부부에서 처음으로 비롯된다」고 하였다.

長幼有序
장 유 유 서

長幼는 天倫之序라. 兄之所
장 유 천 륜 지 서 형 지 소

以爲兄과 弟之所以爲弟는 長
이 위 형 제 지 소 이 위 제 장

幼之道가 所自出也라 蓋宗
유 지 도 소 자 출 야 개 종

族鄕黨에 皆有長幼하니 不可
족 향 당 개 유 장 유 불 가

紊也라 徐行後長者를 謂之
문 야 서 행 후 장 자 위 지

弟요 疾行先長者를 爲之不
제 질 행 선 장 자 위 지 부

弟라 是故로年長以倍則父事
제 시 고 연 장 이 배 즉 부 사

之하고 十年以長則兄事之하며
지 십 년 이 장 즉 형 사 지

五年以長則肩隨之니 長慈
오 년 이 장 즉 견 수 지 장 자

幼하고 幼敬長然後에야 無侮
유 유 경 장 연 후 무 모

少凌長之幣而人道는正矣라.
소 능 장 지 폐 이 인 도 정 의

【풀이】 어른과 어린이는 천륜의 차례다. 형이 형 되는 까닭과 아우가 아우되는 까닭에서 어른과 어린이의 도리가 비롯되는 것이다. 대개 종족과 향당에는 모두 어른과 어린이가 있으니 문란하게 해서는 안된다. 천천히 행하여 어른의 뒤를 따라가는 자를 공손하다 이르고, 빨리 행해서 어른을 앞서 가는 자를 공손하지 않다 하는 것이다. 그러므로 나

이가 많음이 배가 되면 어버이와 같이 섬기고, 10년이 위면 형과 같이 섬기며, 5년이 위면 어깨를 나란히 하고 따라간다. 어른은 어린이를 사랑하고 어린이가 어른을 공경한 연후에야 젊은이를 업신여기고 어른을 능멸하는 폐단이 없어 사람의 도리가 바르게 될 것이다.

而況兄弟는 同氣之人이라 骨肉至親이니 尤當友愛하고 不可藏怒宿怨하여 以敗天常也라 昔者에 司馬光이 與其兄伯康으로 友愛尤篤하여 敬之如嚴父하고 保之如嬰兒하니 兄弟之道가 當如是也라 孟子曰 孩提

(이황형제 동기지인 골육지친 우당우애 불가장노숙원 이패천상야 석자 사마광 여기형백강 우애우독 경지여엄부 보지여영아 형제지도 당여시야 맹자왈 해제)

之童이 無不知愛其親하며 及
지동 무부지애기친 급
其長也엔 無不知敬其兄也라
기장야 무부지경기형야
하시니라.

【풀이】 그러니 하물며 형제는 동기의 사람이라, 골육의 지친이니, 더욱 마땅히 우애하고 가히 노여움을 감추며, 원망을 품거나 해서 천륜의 떳떳함을 잘못 되게 해서는 안된다.

옛날에 사마광이 그의 형 백강과 더불어 우애가 더욱 독실하여 공경하기를 아버지같이 하고 보호하기를 어린애같이 하였으니, 형제의 도리는 마땅히 이러해야 한다. 맹자께서 말씀하시기를 「어린 아이가 그 어버이를 사랑할 줄 모르는 일이 없으며, 자라서는 그 형을 공경할 줄 모르는 일이 없다」 하셨다.

朋友有信
붕우유신

朋友는 同類之人이라 益者가
붕 우 동 유 지 인 익 자

三友요 損者가 三友니 友直하며
삼 우 손 자 삼 우 우 직

友諒하며 友多聞이면 益矣요 友
우 량 우 다 문 익 의 우

便辟하며 友善柔하며 友便佞하면
편 벽 우 선 유 우 편 녕

損矣라. 友也者는 友其德也라
손 의 우 야 자 우 기 덕 야

自天子로 至於庶人에 未有不
자 천 자 지 어 서 인 미 유 불

須友以成者하니 其分이 若疎
수 우 이 성 자 기 분 약 소

而其所關이 爲至親하니
이 기 소 관 위 지 친

【풀이】 벗과 벗은 같은 무리의 사람이다. 유익한 벗이 세 종류 있고 해로운 벗이 세 종류가 있으니, 벗이 곧고 벗이 미더우며 벗이 견문이 넓으면 이롭고, 벗이 편벽되고 벗이 유

약하며 벗이 아첨하면 해롭다. 벗이란 그 덕을 벗하는 것이라 천자로부터 서인에 이르기까지 반드시 벗으로써 이루지 못하는 자가 없으니 그 정분이 성긴 듯 하면서도 그 관계하는 바가 매우 친하게 된다.

是故(시고)로 取友(취우)를 必端人(필단인)하며 擇友(택우)를 必勝己(필승기)니 要當責善以信(요당책선이신)하며 切切偲偲(절절시시)하여 忠告而善道之(충고이선도지)하다가 不可則止(불가즉지)니라.

【풀이】 그러므로 벗을 취하되 반드시 단정한 사람이어야 하며 친구를 선택하되 반드시 자기보다 나아야 한다. 그래서 마땅히 꾸짖고 믿음으로써 착하게 하고 간절히 진실하게 충고하며 선으로 인도하다가 안되면 그만 둘 것이다.

苟或交遊之際에 不以切磋
구 혹 교 우 지 제 불 이 절 차

琢磨로 爲相與하고 但以歡狎
탁 마 위 상 여 단 이 환 압

戱謔으로 爲相親則安能久而
희 학 위 상 친 즉 안 능 구 이

不疎乎리요 昔者에晏子는與人
불 소 호 석 자 안 자 여 인

交하되 久而敬之하니 朋友之
교 구 이 경 지 붕 우 지

道는 當如是也라 孔子曰 不
도 당 여 시 야 공 자 왈 불

信乎朋友이면 不獲乎上矣라.
신 호 붕 우 불 획 호 상 의

信乎朋友에 有道하니 不順乎
신 호 붕 우 유 도 불 순 호

親이면 不信乎朋友矣라 하시니라.
친 불 신 호 붕 우 의

【풀이】 진실로 혹 사귀어 놀 때에 절차탁마로 서로 관여하지

않고 다만 장난이나 하고 익살이나 하며 서로 친해진다면 어찌 능히 오래도록 틀려지지 않을 수 있겠는가? 옛날에 안자는 남과 교제할 때 오래도록 공경하였으니, 벗끼리의 도리는 마땅히 이러해야 한다. 그러므로 공자께서 말씀하시기를, 「친구들에게 신용이 없으면 웃사람에게도 신망을 얻지 못한다. 친구들에게 신용을 얻는 방도가 있으니 어버이에게 공손하지 못하면 친구들에게도 신용이 없다」 하셨다.

總論
총론

此五品者는 天敍之典二人
차 오 품 자 천 서 지 전 이 인

理之所固有者라 人之行이不
리 지 소 고 유 자 인 지 행 불

外乎五者而唯孝가 爲百行
외 호 오 자 이 유 효 위 백 행

之源이라 是以로 孝子之事親
지 원 시 이 효 자 지 사 친

也엔 鷄初鳴이어든 咸盥漱하고
야 계 초 명 함 관 수

適父母之所하여 不氣怡聲하여
적 부 모 지 소 불 기 이 성

問衣燠寒하여 問何食飮하며 冬
문 의 욱 한 문 하 식 음 동

溫而夏淸하며 昏定而晨省하며
온 이 하 청 혼 정 이 신 성

出必告하며 反必面하며 不遠遊
출 필 고 반 필 면 불 원 유

하며 遊必有方하며 不敢有其身
유 필 유 방 불 감 유 기 신

하며 不敢私其財라.
불 감 사 기 재

【풀이】 이 다섯 가지 윤리는 하늘이 편 법전이요, 사람의 도리로 본디부터 가지고 있는 바다. 사람의 행실은 이 다섯 가지를 벗어나지 않으나 오직 효도가 모든 행실의 근원이 된다. 그러므로 효자가 어버이를 섬김엔 닭이 처음 울거든 세수와 양치질을 다 하고, 부모님의 처소로 가서 기운을 나직이 하고 부드러운 목소리로 옷이 더운가 추운가 묻자

오며, 무엇을 잡숫고 싶은가를 묻자오며, 겨울에는 따뜻하게 해드리고 여름에는 서늘하게 해드리며, 저녁에는 잠자리를 정해드리고 새벽에는 문안드리며, 외출할 때는 반드시 고하고 돌아와서는 반드시 뵈오며, 멀리 나돌아 다니지 않고 나돌아 다니는데는 반드시 행방을 알리며, 감히 마음대로 몸가짐을 하지 않고 재물을 멋대로 처리하지 않는다.

父母가 愛之어든 喜而不忘하며
부모 애지 희이불망

惡之어든 懼而無怨하며 有過어든
오지 구이무원 유과

諫而不逆하고 三諫而不聽이어
간이불역 삼간이불청

든 則號泣而隨之하며 怒而撻
즉호읍이수지 노이달

之流血이라도 不敢疾怨하며 居
지유혈 불감질원 거

則致其敬하고 養則致其樂하고
즉치기경 양즉치기락

病則致其憂하고 喪則致其哀
병즉치기우 상즉치기애

하고 祭則致其嚴이니라.
제 즉 치 기 엄

【풀이】 부모가 사랑하거든 기뻐하여 잊지 말며 미워하면 두려워하면서도 원망하지 말며, 부모가 잘못하는 일이 있으면 간하되 거슬리지 말며, 세번 간해도 듣지 않으시거든 울면서 따른다. 또 부모가 노하여 때려 피가 나더라도 감히 미워하거나 원망하지 말아야 한다. 부모가 계실 땐 공경을 다하고, 봉양할 때는 즐거움을 다하며, 병환에는 근심을 다하고, 돌아가시면 슬픔을 다하며 제사에는 엄숙함을 다해야 한다.

若夫人子之不孝也는 不愛
약 부 인 자 지 불 효 야 불 애

其親이요 而愛他人하며 不敬其
기 친 이 애 타 인 불 경 기

親이요 而敬他人하며 惰其四肢
친 이 경 타 인 타 기 사 지

하여 不顧父母之養하며 博奕好
불 고 부 모 지 양 박 혁 호

飮酒하여 不顧父母之養하며 好
음 주 불 고 부 모 지 양 호

貨財하며 私妻子하여 不顧父母
환 재 사 처 자 불 고 부 모

之養하며 從耳目之好하여 以爲
지 양 종 이 목 지 호 이 위

父母戮하며 好勇鬪頑하여 以危
부 모 육 호 용 투 완 이 위

父母하느니라.
부 모

【풀이】 만일 사람의 자식으로서 불효를 하는 자는 그 어버이를 사랑하지 아니하고 다른 사람을 사랑하며, 그 어버이를 공경하지 아니하고 다른 사람을 공경하며, 그 사지를 게을리 하여 부모의 봉양을 돌보지 아니하며, 장기 · 바둑이나 두고 술 마시기를 좋아하여 부모의 봉양을 돌보지 않으며, 보화와 재물을 좋아하고 처자를 사사로이 하여 부모의 봉양을 돌보지 않으며, 이목의 좋아함만 따라 부모를 욕되게 하며, 용기를 좋아하여 싸움을 사납게 하여 부모를 위태롭게 한다.

噫라 欲觀其人이 行之善不善
희 욕 관 기 인 행 지 선 불 선

인댄 必先觀其人之孝不孝니
필선관기인지효불효
可不愼哉며 可不懼哉아 苟能
가불신재 가불구재 구능
孝於其親則推之於君臣也
효어기친즉추지어군신야
와 夫婦也와 長幼也와 朋友也에
부부야 장유야 붕우야
何往而不可哉리요. 然則孝之
하왕이불-가재 연즉효지
於人에 大矣而亦非高遠難
어인 대의이역비고원난
行之事也라 然이나 自非生知
행지사야 연 자비생지
者면 必資學問而知之니 學
자 필자학문이지지 학
問之道는 無也라 將欲通古
문지도 무야 장욕통고
今하며 達事理하여 存之於心하며
금 달사리 존지어심

體之於身이니 可不勉其學問
체 지 어 신　가 불 면 기 학 문

之力哉아 玆用摭其歷代要
지 력 재　자 용 척 기 역 대 요

義하여 書之于左하노라.
의　서 지 우 좌

【풀이】 슬프다! 그 사람의 행실이 착하고 착하지 못함을 보고자 하면 반드시 먼저 그 사람의 효성스러움과 효성스럽지 아니함을 볼 것이니, 가히 삼가지 않으며 가히 두려워하지 않겠는가? 진실로 그 어버이에게 효도를 할 수 있으면, 임금과 신하 사이에서나, 남편과 아내 사이에서나, 어른과 어린이 사이에서나, 벗과 벗 사이에서도 미루어 어디를 가나 옳지 않겠는가? 그러니 효도란 사람에게 중대한 일이지만 또 높고 멀어서 행하기 어려운 일도 아니다.

그러나 나면서부터 아는 자가 아니면 반드시 학문에 의하여 알아야 하나니, 학문의 길은 다름이 아니라, 장차 옛날과 오늘의 일에 통하며, 사물의 이치에 통달하여 이를 마음에 간직하고 이를 몸에 몸받는 것이니, 가히 그 학문을 기르는 데 힘쓰지 않겠는가? 이에 그 역대의 요점을 모아서 다음에 적는다.

蓋自太極肇判하여 陰陽始分
개 자 태 극 조 판 음 양 시 분

으로 五行이 相生에 先有理氣이기
오 행 상 생 선 유 이 기

人物之生이 林林總總하더니 於
인 물 지 생 임 림 총 총 어

是에 聖人이 首出하여 繼天立
시 성 인 수 출 계 천 입

極하시니 天皇氏와 地皇氏와 人
극 천 황 씨 지 황 씨 인

皇氏와 有巢氏와 燧人氏가 是
황 씨 유 소 씨 수 인 씨 시

爲太古니 在書契以前이라 不
위 태 고 재 서 계 이 전 불

可考라.
가 고

【풀이】 대체로 태극이 처음으로 갈라져 음양이 비로소 나뉨으로부터 요행이 서로 생기고, 먼저 이기가 있었으므로 사람과 물건이 많아졌다. 이에 성인이 먼저 나타나 하늘의 뜻

을 이어 등극하니 천황씨·지황씨·인왕씨·유소씨·수인씨가 곧 그들이다. 이때는 태고적으로 서계가 있기 이전이라 가히 참고할 수가 없다.

伏羲氏가 始畫八卦하며 造書
복희씨 시획팔괘 조서

契하여 以代結繩之政하고 神農
계 이대결승지정 신농

氏가 作耒耜하며 制醫藥하고 黃
씨 작뢰사 제의약 황

帝氏가 用干戈하며 作舟車하며
제씨 용간벌 작주거

造曆算하며 制音律하시니 是爲
조력산 제음률 시위

三皇이니 至德之世라 無爲而
삼황 지덕지세 무위이

治하니라. 少昊와 顓頊과 帝嚳과
치 소호 전욱 제곡

帝堯와 帝舜이 是爲五帝라 皐
제요 제순 시위오제 고

夔稷契이 **佐堯舜而堯舜之**
기 직 설 좌 요 순 이 요 순 지

治는 **卓冠百王**이라 **孔子**가 **定**
치 탁 관 백 왕 공 자 정

書에 **斷自唐虞**하시니라.
서 단 자 당 우

【풀이】 복희씨가 비로소 팔괘를 만들고 서계를 만들어 결승의 정치를 대신하고, 신농씨가 농기구를 만들고 의술과 약을 만들었으며, 황제씨가 방패와 창을 만들고 배와 수레를 만들며 달력과 산수를 만들고 음률을 제정하니 이들이 삼황이다. 이 때는 지덕의 세상이라 무위로 다스렸다.

소호 · 전욱 · 제곡 · 제요 · 제순이 오제요, 고 · 기 · 직 · 설이 요순을 도우니, 그 정치는 모든 왕의 으뜸이 되었다. 그래서 공자께서 〈서경〉을 정리할 때 당우로부터 잘랐다.

夏禹와 **商湯**과 **周文王武王**이
하 우 상 탕 주 문 왕 무 왕

是爲三王이니 **歷年**이 **或四百**
시 위 삼 왕 역 년 혹 사 백

하며 或六百하며 或八百하니 三
혹육백 혹팔백 삼

代之隆을 後世莫及而商之
대지륭 후세막급이상지

伊尹傅說과 周之周公召公이
이윤부열 주지주공소공

皆賢臣也라 周公이 制禮作樂
개현신야 주공 제례작악

하시니 典章法度가 粲然極備하더
전장법도 찬연극비

니 及其衰也하여 五霸樓諸候
급기쇠야 오패누제후

하며 以匡王室하느니라.
이광왕실

【풀이】 하나라 우왕과 상나라 탕왕과 주나라 문왕·무왕이 삼왕이 되니, 그 지낸 햇수가 혹은 4백년이요 혹은 6백년이며 혹은 8백년이 되니 이 삼대의 융성함을 후세에는 미칠 이가 없었다. 상나라의 이윤·부열과 주나라의 주공·소공은 모두 어진 신하다. 주공이 예법을 만들고 음악을 만드니 온갖 전장과 법도가 찬연히 모두 갖추어졌었는데, 그

나라가 쇠진하자 오패가 제후를 이끌고 왕실을 바로잡으니 제환공과 진문공과 송양공과 진목공과 초장왕이 서로 하의 맹서를 주장했으므로 왕의 위령이 떨치지 못했다.

孔子는 以天縱之聖으로 轍環
공 자 이 천 종 지 성 철 환

天下하여 道不得行于世하여 删
천 하 도 부 득 행 우 세 산

詩書하고 定禮樂하며 贊周易하고
시 서 정 례 락 찬 주 역

修春秋하여 繼往聖開來學하고
수 춘 추 계 왕 성 개 래 학

而傳其道者는 顔子曾子라 事
이 전 기 도 자 안 자 증 자 사

在論語라 曾子之門人이 述
재 논 어 증 자 지 문 인 술

大學하니라.
대 학

【풀이】 공자는 하늘이 내신 성인으로, 천하를 철환하였으나

도를 천하에 펼 수가 없어 〈시경〉과 〈서경〉을 정리하고, 예악을 정하고 〈주역〉을 해석하고, 〈춘추〉를 지어 기왕의 성현을 계승하고 후세의 학자를 열어 놓았으니 그 도를 전한 자는 안자와 증자인데, 사적은 〈논어〉에 실려 있다. 증자의 문인이 〈대학〉을 지었다.

列國은 則曰魯와 曰衛와 曰晉
열국 즉왈노 왈위 왈진

과 曰鄭과 曰曹와 曰蔡와 曰燕과
왈정 왈조 왈채 왈연

曰吳와 曰齊와 曰宋과 曰陳과
왈오 왈제 왈송 왈진

曰楚와 曰秦이니 干戈日尋하여
왈초 왈진 간과일심

戰爭이 不息하여 遂爲戰國하니
전쟁 불식 수위전국

秦楚燕齊韓魏趙가 是爲七
진초연제한위조 시위칠

雄이라 孔子之孫子思가 生斯
웅 공자지손자사 생사

時라 하여 作中庸하시고 其門人
시 작중용 기문인

之弟孟軻가 陣王道於齊梁
지제맹가 진왕도어제량

하나 道又不行하여 作孟子七篇
도우불행 작맹자칠편

而異端縱橫功利之說이 盛
이이단종횡공리지설 성

行이라 吾道가 不傳이다 及秦始
행 오도 부전 급진시

皇하여 呑二周하고 滅六國廢封
황 탄이주 멸육국폐봉

建하고 爲郡縣하며 焚詩書하고
건 위군현 분시서

坑儒生하니 二世而亡하다
갱유생 이세이망

【풀이】 열국은 노·위·진·정·조·채·연·오·제·송·진·초·진이니, 날마다 무기를 준비하여 전쟁이 그치지 않아 드디어 전국시대가 되었다. 그 가운데 진·초·연·

제·한·위·조가 곧 칠웅이다. 공자의 손자 자사가 이 때에 태어나 〈중용〉을 짓고 그 문인의 제자인 맹가가 제나라와 양나라에 왕도를 펴려 했으나, 도가 또한 행하여지지 않아 〈맹자〉 7편을 지었으나 이단·종횡·공리의 설들이 성행해서 우리의 도 곧 유교의 도는 전해지지 못했다.

진시황에 이르러서는 이주를 삼키고 육군을 멸하며 봉건제도를 폐하고 군현제도를 실시하며 시서를 불태우고 유생을 묻어 버리니 두 대에서 망했다.

漢高祖가 起布衣成帝業하여
한 고 조 기 포 의 성 제 업

歷年이 四百하되 在明帝時하여
역 년 사 백 재 명 제 시

西域佛法이 始通中國하여 惑
서 역 불 법 시 통 중 국 혹

世誣民하다 蜀漢과 吳와 魏의 三
세 무 민 촉 한 오 위 삼

國이 鼎峙하니 而諸葛亮이 仗
국 정 치 이 제 갈 양 장

義扶漢하다가 病卒軍中하니 晉
의 부 한 병 졸 군 중 진

有天下에 歷年이 百餘라
유 천 하 역 년 백 여

【풀이】 한고조가 포의로 일어나서 황제의 업을 이루어 역년이 4백년이었는데, 명제 때의 서역의 불교가 비로소 중국으로 들어와 세상을 현혹시키고 백성을 속였다. 촉한과 오와 위의 세 나라가 정립하여 대치할 때 제갈양이 정의를 위하여 한을 보전하려다가 군중에서 병으로 죽었다. 진이 천하를 차지하고 역년이 백여년이었다.

五胡가 亂華하니 宋齊梁陳에
오 호 난 화 송 제 양 진
南北分裂이려니 隋能混一하되
남 북 분 열 수 능 혼 일
歷年이 三十이라.
역 년 삼 십

【풀이】 오호가 중화를 어지럽히니 송·제·양·진에 남북이 분열되었다가 수나라가 능히 천하를 하나로 통일하였는데 겨우 역년이 30년이었다.

唐高祖와 太宗이 乘隋室亂하
당 고 조 태 종 승 수 실 난

여 化家爲國하여 歷年三百하니라
화 가 위 국 역 년 삼 백

五季는 朝得暮失하여 大亂이
오 계 조 득 모 실 대 란

極矣라.
극 의

【풀이】 당나라 고조와 태종은 수나라가 어지러운 틈을 타서 집을 만들고 국가를 이룩하여 역년이 3백이었다.

후량과 후당과 후진과 후한과 후주가 오계로 되니 아침에 얻었다가 저녁에 잃어 대란이 극했다.

宋太祖가 立國之初에 五星이
송 태 조 입 국 지 초 오 성

聚奎하여 濂洛關閩에 諸賢이
취 규 염 낙 관 민 제 현

輩出하니 若周惇頤와 程顥와
배 출 약 주 돈 이 정 호

程頤와 司馬光과 張載와 邵雍
정이 사마광 장재 소옹

과 朱熹가 相繼而起하여 以闡
주희 상계이기 이천

明斯道로 爲己任하되 身且不
명사도 위기임 신차부

得見容而朱子가 集諸家說하
득견용이주자 집제가설

여 註四書五經하시니 其有功於
주사서오경 기유공어

學者가 大矣로다 然而國勢가
학자 대의 연이국세

不競하여 歷年三百하니 契丹과
불경 역년삼백 글단

蒙古와 遙와 金이 迭爲侵軼而
몽고 요 금 질위침질이

及其垂亡하여 文天祥이 竭忠
급기수망 문천상 갈충

報宋하다가 竟死燕獄하니라.
보송 경사연옥

【풀이】 송나라 태조가 나라를 세운 처음에 다섯 개의 별이 규성에 모여 염 · 낙 · 관 · 민에 여러 현인이 무리로 나타나니 주돈이와 정호와 정이가 사마광과 장재가 소옹과 주희가 서로 이어 일어나 도를 열어 밝힘으로서 자신의 임무로 삼되 몸이 용납함을 보지 못하더니, 주자가 제자의 설을 모아 사서와 오경에 주를 다니, 그 학자에게 공을 끼침이 컸다.

그러나 나라의 형제가 강하지 못하여 역년이 3백에 글안과 몽고와 요와 금이 번갈아 침노하고 마주 쳐서 나라가 거의 망하게 되자 문천상이 충성을 다하여 송나라에 보답하다가 마침내 연의 옥에서 죽었다.

大明이 中天하여 聖繼神承하니
대 명 중 천 성 계 신 승

於千萬年이로다 嗚呼라 三綱
어 천 만 년 오 호 삼 강

五常之道가 與天地로 相終
오 상 지 도 여 천 지 상 종

始하니 三代以前에는 聖帝明
시 삼 대 이 전 성 제 명

王과 賢相良佐가 相與講明
왕 현 상 양 좌 상 여 강 명

之故로 治日이 常多하고 亂日이
지고 치일 상다 난일

常少하더니
상소

【풀이】 대명이 천은에 적중하여 성자 신손이 뒤를 이어 계승하니 아! 천년 만년을 이으리라. 슬프다! 삼강과 오상의 도가 천지가 더불어 서로 종시를 같이 하니, 삼대 이전에는 성스러운 황제와 밝은 군주와 어진 재상과 선량한 보좌인이 서로 이 삼강·오상의 도를 강론하여 밝혔으므로 다스려진 날이 항상 많고, 어지러워진 날이 항상 적었다.

三代以後에는 庸君暗主와 亂
삼대이후 용군암주 난

臣賊子가 相與敗壞之故로 亂
신적자 상여패괴지고 난

日이 常多하고 治日이 常少하니
일 상다 치일 상소

其所以世之治亂安危와 國
기소이세지치난안위 국

之興廢存亡이 皆由於人倫
지흥폐존망 개유어인륜

之明不明如耳라 可不察哉아
지 명 불 명 여 이 가 불 찰 재

【풀이】 임금과 어두운 군주와 문란한 신하와 역적이 서로 패배시키고 파괴하였으므로 어지러운 날이 항상 많고 다스려진 날이 항상 적었다. 그 세상이 다스려지거나 문란해지거나 편안하거나 위태하거나 나라가 흥하거나 패배하거나 존속하거나 망하는 까닭이 모두 인륜이 밝으냐 밝지 못하느냐 여하에 달린 것이니 가히 살피지 않겠는가?

東方에 初無君長이더니 有神
동 방 초 무 군 장 유 신

人이 降于太白山檀木下하여
인 강 우 태 백 산 단 목 하

神靈名智어늘 國人이 立以爲
신 령 명 지 국 인 입 이 위

君하니 與堯로 竝立하여 國號를
군 여 요 병 립 국 호

朝鮮이라하니 是爲檀君이라 殷太
조 선 시 위 단 군 은 태

師箕子가 率衆東來하여 敎民
사기자 솔중동래 교민

禮儀하고 設八條之敎하니 有
예의 설팔조지교 유

仁賢之化하더라.
인현지화

【풀이】 동방에 처음에는 임금이 없더니 신인이 태백산 박달나무 아래로 내려오자 나라 사람들이 이를 임금으로 세웠다. 그래서 중국의 요임금과 병립하여 국호를 조선이라 하니 이가 곧 단군이다.

주나라 무왕이 기자를 조선에 봉하여 백성들에게 예의를 가르치고 팔조의 교법을 베풀자 인현의 교화가 있게 되었다.

燕人衛滿이 因盧綰亂하여 亡
연인위만 인노관란 망

命來하여 誘逐箕準하고 據王
명래 유축기준 거왕

儉城하더니 至孫右渠하여 漢武
검성 지손우거 한무

帝가 討滅之하시고 分其地하여
제 토멸지 분기지

置樂浪臨屯玄菟眞蕃四郡
치낙랑임둔현도진번사군

하다 昭帝가 以平那玄菟로 爲
소제 이평나현도 위

平州하고 臨屯樂浪으로 爲東府
평주 임둔낙랑 위동부

二都督府하다.
이도독부

【풀이】 연나라 사람 위만이 망명하여 와서 기준을 꾀어 내쫓고 왕검성에 웅거하더니 손자 우거에 이르러 한나라 무제가 쳐서 멸하고 그 땅을 나누어 낙랑·임둔·현도·진번의 네 군을 두었다. 소재는 평나와 현도로서 평주로 삼고, 임둔과 낙랑으로 동부의 두 도독부를 삼았다.

箕準이 避衛滿하여 浮海而南
기준 피위만 부해이남

하여 居金馬郡하니 是爲馬韓이라
거금마군 시위마한

秦亡人이 避入韓이어늘 韓이 割
진 망 인 피 입 한 한 할

東界하여 以與하니 是爲辰韓이라.
동 계 이 여 시 위 진 한

弁韓則立國於韓地하니 不知
변 한 즉 입 국 어 한 지 부 지

其始祖年代라 是爲三韓이라.
기 시 조 연 대 시 위 삼 한

【풀이】 기준이 위만을 피하여 바다로 해서 남쪽으로 가 금마군에 기처하니 이것이 마한이다. 진나라에서 망명하여 온 사람이 진나라를 피하여 한으로 들어오므로 한이 동쪽 경계를 조개어 주니 이것이 진한이 되었다. 변한은 한나라 땅에 나라를 세웠으나 그 시조와 연대를 알지 못한다. 이를 삼한이라 한다.

新羅始祖赫居世는 都辰韓
신 라 시 조 혁 거 세 도 진 한

地하여 以朴으로 爲姓하고 高句麗
지 이 박 위 성 고 구 려

始祖朱蒙은 至卒本하여 自稱
시 조 주 몽 지 졸 본 자 칭

高辛氏之後라 하여 因姓高하고
고신씨지후　　인성고

百濟始祖溫祚는 都河南慰
백제시조온조　도하남위

禮城하여 以扶餘로 爲氏하여 三
례성　이부여　위씨　삼

國이 各保一隅하여 互相侵伐
국　각보일우　호상침벌

하더니 其後에 唐高宗이 滅百濟
기후　당고종　멸백제

高句麗하고 分其地하여 置都督
고구려　분기지　치도독

府하여 以劉仁願薛仁貴로 留
부　이유인원설인귀　유

鎭撫之하니 百濟는 歷年이 六
진무지　백제　역년　육

百七十八年이요 高句麗는 七
백칠십팔년　고구려　칠

百五年이라.
백오년

【풀이】 신라의 시조 혁거세는 진한 땅에 도읍하고 박으로써 성을 삼았다. 고구려 시조 주몽은 졸본에 이르러 고신씨의 후손이라고 스스로 칭하고 성을 고라 하였다. 백제 시조 온조는 하남 위례성에 도읍하여 부여로 성씨를 삼았다. 그리하여 삼국이 각기 한 귀퉁이씩을 차지하면서 서로 침략하고 정벌하더니 그 뒤에 당나라 고종이 백제와 고구려를 멸하고, 그 땅을 나누어 도독부를 두고 유인원과 설인귀로써 머물러 있으면서 진무하게 했다. 그래서 백제는 역년이 678년이요, 고구려는 705년이었다.

新羅之末에 弓裔가 叛于北京
신라지말 궁예 반우북경

하여 國號를 泰封이라 하고 甄萱은
국호 태봉 견훤

叛據完山하여 自稱後百濟라
반거완산 자칭후백제

하다 新羅가 亡하니 朴昔金三姓이
신라 망 박석김삼성

相傳하여 歷年이 九百九十二
상전 역년 구백구십이

年이라.
년

【풀이】 신라 말기에 궁예는 북경에서 반란을 일으켜 국호를 태봉이라 하였고 견훤은 반란을 일으켜 완산에 웅거하면서 자칭 후백제라 하였다. 신라는 망하니 박 · 석 · 김 세 성이 서로 전위하여 역년이 992년이었다.

泰封諸將이 立王建하여 爲王
태 봉 제 장 입 왕 건 위 왕

하니 國號를 高麗라하여 剋剗群
국 호 고 려 극 잔 군

兇하고 統合三韓하여 移都松嶽
흉 통 합 삼 한 이 도 송 악

하다 至于季世하여 恭愍이 無嗣
지 우 계 세 공 민 무 사

하고 僞主辛禑가 昏暴自恣而
위 주 신 우 혼 포 자 자 이

王瑤가 不君하여 遂至於亡하니
왕 요 불 군 수 지 어 망

歷年이 四百七十五年이라.
역 년 사 백 칠 십 오 년

【풀이】 태봉의 여러 장수가 왕건을 세워 왕을 삼으니 국호를

고려라 했다. 그리고 모든 흉적을 쳐 죽이고 삼한을 통일하여 송악으로 도읍을 옮겼다. 그러나 말세에 이르러 공민왕이 아들이 없고, 가짜 임금 신우가 어둡고 사나우며 스스로 방자했으며, 왕요도 임금 노릇을 못하여 드디어 망하게 되니 역년이 475년이었다.

天命이 歸于眞主하니 大明太
천명 귀우진주 대명태
祖高皇帝가 賜改國號曰朝
조고황제 사개국호왈조
鮮이라하니 定鼎于漢陽하여 聖子
선 정정우한양 성자
神孫이 繼繼繩繩하여 重熙累
신손 계계승승 중희누
洽하여 歷年五百十九年이라 式
흡 역년오백십구년 식
至于今하시니 實萬世無疆之
지우금 실만세무강지
休로다.
휴

【풀이】 천명이 참된 임금(이성계를 말함)에게로 돌아오니, 명나라 태조 고황제가 나라 이름을 고쳐 주어 조선이라고 하였다. 그래서 한양에다 도읍을 정하고 신성한 자손들이 끊임없이 계승하여 거듭 밝고 더욱 흡족하여 오늘날에 이르렀다. 그래서 실로 만세에 끝이 없는 아름다움이 되었도다.

於戲라 我國이 雖僻在海隅하며
오 희 아 국 수 벽 재 해 우

壤地褊小하나 禮樂法度와 衣
양 지 편 소 예 악 법 도 의

冠文物을 悉遵華制하여 人倫이
관 문 물 실 존 화 제 인 륜

明於上하고 敎化가 行於下하여
명 어 상 교 화 행 어 하

風俗之美가 侔擬中華하니 華
풍 속 지 미 모 의 중 화 화

人이 稱之曰小中華라하니 玆
인 칭 지 왈 소 중 화 자

豈非箕子之遺化耶리요 嗟爾
기 비 기 자 지 유 화 야 차 이

小子는 宜其觀感而興起哉
소 자 의 기 관 감 이 흥 기 재

인저 必讀此書하라.
필 독 차 서

【풀이】 아! 우리 나라가 비록 바다 귀퉁이에 치우쳐 있어 땅이 좁고 작으나 예악과 법도와 의관과 문물이 모두 중국의 제도를 준수하여 인륜이 위에서 밝고 교화가 아래에서 행해져서 풍속의 아름다움이 중국과 같아, 중국인이 작은 중화라 칭한다.

이것이 어찌 기자가 끼친 교화가 아니겠는가? 아! 여러 어린이들은 마땅히 이것을 보고 느끼어, 떨쳐 일어날 것이다.

啓 蒙 篇
계 몽 편

♧ 〈계몽편〉은 작자 미상으로, 〈천자문〉 다음에 〈동몽선습〉과 마찬가지로 읽히던 교과서다. 내용은 다섯 편으로 나누어, 첫편은 수편(首篇)으로 전체의 개략을 서술했고, 둘째편은 천편(天篇)으로 하늘에 관계되는 내용을 언급했으며, 세째편은 지편(地篇)으로 땅에 관계되는 내용을 말했고, 네째편은 물편(物篇)으로 짐승·곡식·초목·화초 등 물건에 대한 내용이고, 끝편은, 인편(人篇)으로 사람이 해야 할 도리를 약술했다.

啓蒙篇
계 몽 편

首篇
수 편

上有天하고 下有地하니 天地之
상 유 천 하 유 지 천 지 지

間에 有人焉하고 有萬物焉하니
간 유 인 언 유 만 물 언

日月星辰者는 天之所係也요
일 월 성 신 자 천 지 소 계 야

江海山嶽者는 地之所載也요
강 해 산 악 자 지 지 소 재 야

父子君臣長幼夫婦朋友者는
부 자 군 신 장 유 부 부 붕 우 자

人之大倫也라.
인 지 대 륜 야

【풀이】 위에는 하늘이 있고 아래에는 땅이 있다. 하늘과 땅 사이에 사람이 있고 만물이 있으니 해 · 달 · 별은 하늘에 매여 있고, 강 · 바다 · 산은 땅이 싣고 있으며, 부자 · 군신 · 장유 · 부부 · 붕우는 사람의 큰 윤리이다.

以東西南北으로 定天地之方
이 동 서 남 북 정 천 지 지 방

하고 以靑黃赤白黑으로 定物之
이 청 황 적 백 흑 정 물 지

色하고 以酸鹹辛甘苦로 定物
색 이 산 함 신 감 고 정 물

之味하고 以宮商角徵羽로 定
지 미 이 궁 상 각 치 우 정

物之聲하고 以一二三四五六
물 지 성 이 일 이 삼 사 오 육

七八九十百千萬億으로 總物
칠 팔 구 십 백 천 만 억 총 물

之數하니 左首篇이라.
지 수 좌 수 편

【풀이】 동·서·남·북으로 천지의 방향을 삼고, 청·황·적·백·흑으로 물건의 빛깔을 정하며, 신 맛, 짠 맛, 매운 맛, 단 맛, 쓴 맛으로 물건의 맛을 정하고, 궁·상·각·치·우로 물건의 소리를 정하며, 일·이·삼·사·오·육·칠·팔·구·십·백·천·만·억으로 물건의 수를 센다. 이상은 수편이다.

天篇
천 편

日出於東方하여 入於西方하니
일 출 어 동 방 입 어 서 방

日出則爲晝요 日入則爲夜이니
일 출 즉 위 주 일 입 즉 위 야

夜則月星著見焉하니라.
야 즉 월 성 저 현 언

【풀이】 해는 동쪽에서 나와 서쪽으로 들어간다. 해가 나오면 낮이 되고 해가 들어가면 밤이 되니, 밤에는 달과 별이 나타난다.

天有緯星하니 金木水火土五
천 유 위 성 금 목 수 화 토 오

星이 是也요 有經星하니 角亢氐
성 시 야 유 경 성 각 항 저

房心尾箕斗牛女虛危室壁
방 심 미 기 두 우 여 허 위 실 벽

奎婁胃昴畢觜參井鬼柳星
규 누 위 묘 필 자 삼 정 귀 유 성

張翼軫二十八宿가 是也라.
장 익 진 이 십 팔 수 시 야

【풀이】 하늘에는 위성이 있으니 금성 · 목성 · 수성 · 화성 · 토성의 다섯 별이 이것이요, 또 경성이 있으니 각수 · 항수 · 저수 · 방수 · 심수 · 미수 · 기수 · 두수 · 우수 · 여수 · 허수 · 위수 · 실수 · 벽수 · 규수 · 누수 · 위수 · 묘수 · 필수 · 자수 · 삼수 · 정수 · 귀수 · 유수 · 성수 · 장수 · 익수 · 진수의 이십팔 수가 이것이다.

一晝夜之內에 有十二時하니
일 주 야 지 내 유 십 이 시

十二時가 會而爲一日하고 三
십 이 시 회 이 위 일 일 삼

十日이 會而爲一月하고 十有
십일 회이위일월 십유
二月이 合而成一歲니라.
이월 합이성일세

【풀이】 한 낮과 밤의 안에 12때가 있으니 12때가 모여 하루가 되며, 30일이 모여 한 달이 되고, 열두 달이 모여 1년이 된다.

月或有小月하니 小月則二十
월혹유소월 소월즉이십
九日이 爲一月 歲或有閏月
구일 위일월 세혹유윤월
하니 有閏則十三月이 成一歲라
유윤즉십삼월 성일세
十二時者는 即地之十二支
십이시자 즉지지십이지
也니 所謂十二支者는 子丑寅
야 소위십이지자 자축인
卯辰巳午未申酉戌亥也요
묘진사오미신유술해야

天有十干하니 所謂十干者는
천 유 십 간 소 위 십 간 자

甲乙丙丁戊己庚辛壬癸也
갑 을 병 정 무 기 경 신 임 계 야

니라.

【풀이】 달에는 혹 작은 달이 있으니 작은 달은 29일이 한 달이 되고, 어떤 해에는 윤달이 있으니 윤달이 있으면 13월이 1년이 된다. 십이시란 곧 땅의 십이지이니 이른바 십이지란 자·축·인·묘·진·사·오·미·신·유·술·해이고, 하늘에는 십간이 있으니 이른바 십간이란 갑·을·병·정·무·기·경·신·임·계이다.

天地十干이 與地之十二支로
천 지 십 간 여 지 지 십 이 지

相合而爲六十甲子하니 所謂
상 합 이 위 육 십 갑 자 소 위

六十甲子者는 甲子乙丑丙
육 십 갑 자 자 갑 자 을 축 병

寅丁卯至壬戌癸亥是也라.
인 정 묘 지 임 술 계 해 시 야

【풀이】 하늘의 십간이 땅의 십이지와 더불어 서로 합하여 육십 갑자가 되니 이른바 육십갑자란, 갑자 · 을축 · 병인 · 정묘로부터 임술 · 계해에 이르는 것이 이것이다.

十有二月者는 自正月二月로
십 유 이 월 자 자 정 월 이 월

至十二月也라 一歲之中에 亦
지 십 이 월 야 일 세 지 중 역

有四時하니 四時者는 春夏秋
유 사 시 사 시 자 춘 하 추

冬이 是也라.
동 시 야

【풀이】 열두 달이란 정월 · 이월로부터 십이월까지이다. 1년 중에 또 사시가 있으니 사시란 춘 · 하 · 추 · 동 이것이다.

以十二月로 分屬於四時하니
이 십 이 월 분 속 어 사 시

正月二月三月은 屬之於春
정 월 이 월 삼 월 속 지 어 춘

하고 四月五月六月은 屬之於
사 월 오 월 육 월 속 지 어

夏하고 七月八月九月은 屬之
하 칠 월 팔 월 구 월 속 지

於秋하고 十月十一月十二月
어 추 시 월 십 일 월 십 이 월

은 屬之於冬하니 晝長夜短而
속 지 어 동 주 장 야 단 이

天地之氣가 大署則爲夏하고
천 지 지 기 대 서 즉 위 하

夜長晝短而天地之氣가 大
야 장 주 단 이 천 지 지 기 대

寒則爲冬하니 春秋則晝夜長
한 즉 위 동 춘 추 즉 주 야 장

短이 平均而春氣는 微温하고
단 평 균 이 춘 기 미 온

秋氣는 微凉이니라.
추 기 미 량

【풀이】 12월을 4시로 나누어 예속시키니, 정월 · 이월 · 삼월 은 봄에 속하고, 사월 · 오월 · 유월은 여름에 속하며, 칠월

· 팔월 · 구월은 가을에 속하고, 시월 · 십일월 · 십이월은 겨울에 속한다. 낮이 길고 밤이 짧으면서 천지의 기운이 매우 더우면 여름이 되고, 밤이 길고 낮이 짧으면서 천지의 기운이 추우면 겨울이 된다. 봄과 가을에는 낮과 밤이 길고 짧음이 똑같은데, 봄 기운은 좀 따뜻하고 가을 기운은 좀 서늘하다.

春三月이 **盡則爲夏**하고 **夏三月**이 **盡則爲秋**하고 **秋三月**이 **盡則爲冬**하고 **冬三月**이 **盡則復爲春**이니 **四時**가 **相代而歲功**이 **成焉**이라.
춘삼월 진즉위하 하삼월 진즉위추 추삼월 진즉위동 동삼월 진즉부위춘 사시 상대이세공 성언

【풀이】 봄의 석 달이 다하면 여름이 되고, 여름 석 달이 다하면 가을이 되며, 가을 석 달이 다하면 겨울이 되고, 겨울 석 달이 다하면 다시 봄이 되니, 사시는 교대하여 1년의 공이 이루어진다.

春則萬物이 始生하고 夏則萬物이 長養하고 秋則萬物이 成熟하고 冬則萬物閉藏하니 無非四時之功也니라 左天篇이라.
춘즉만물 시생 하즉만물 장양 추즉만물 성숙 동즉만물폐장 무비사시지공야 좌천편

【풀이】 봄에는 만물이 비로소 나오고, 여름에는 만물이 자라며, 가을에는 만물이 성숙하고, 겨울에는 만물이 감추어진다. 그러니 만물이 태어나고 자라며, 거두어지고 저장되는 바가 사시의 공이 아닐 수 없다. 이상은 천편이다.

地篇
지편

地之高處는 便爲山이요 地之低處는 便爲水니 水之小者를
지지고처 변위산 지지저처 변위수 수지소자

謂川이요 水之大者를 謂江이요
위 천 수 지 대 자 위 강

山之卑者를 謂丘이요 山之峻
산 지 비 자 위 구 산 지 준

者를 謂岡이니라.
자 위 강

【풀이】 땅의 높은 곳이 곧 산이요, 땅의 낮은 곳이 곧 물이라 물의 작은 것을 냇물이라 하고 물의 큰 것을 강이라 한다. 산의 낮은 것을 언덕이라 하고 산의 높은 것을 산등성이라 한다.

天下之山이 莫大於五岳하니
천 하 지 산 막 대 어 오 악

五嶽者는 泰山嵩山衡山恒
오 악 자 태 산 숭 산 형 산 항

山華山也요 天下之水는 莫大
산 화 산 야 천 하 지 수 막 대

於四海하니 四海者는 東海西
어 사 해 사 해 자 동 해 서

海南海北海也라.
해 남 해 북 해 야

【풀이】 천하의 산은 오악보다 더 큰 것이 없으니 오악은 태산 · 숭산 · 형산 · 항산 · 화산이요, 천하의 물은 사해보다 더 큰 것이 없으니 사해는 동해 · 서해 · 남해 · 북해이다.

山海之氣는 **上與天氣**로 **相交則興雲霧**하며 **降雨雪**하며 **爲霜露**하며 **生風雷**라.
산 해 지 기 상 여 천 기 상 교 즉 흥 운 무 강 우 설 위 상 로 생 풍 뢰

【풀이】 산과 바다의 기운이 올라가 하늘의 기운과 더불어 서로 어울리면 구름과 안개를 일으키고 비와 눈을 내리며 서리와 이슬을 만들고 바람과 우뢰를 발생하게 한다.

暑氣가 **蒸鬱則油然而作雲**하
서 기 증 울 즉 유 연 이 작 운

여 沛然而下雨하고 寒氣가 陰
패 연 이 하 우 한 기 음

凝則露結而爲霜하고 雨凝而
응 즉 노 결 이 위 상 우 응 이

成雪故로 春夏에 多雨露하고 秋
성 설 고 춘 하 다 우 로 추

冬에 多霜雪하니 變化莫測者
동 다 상 설 변 화 막 측 자

는 風雷也라.
풍 뢰 야

【풀이】 더운 기운이 증발하여 응결되면 유연히 구름을 일으키어 패연히 비를 내리고, 찬 기운이 음침하게 응결되면 이슬이 맺히어 서리가 되며, 비가 엉기어 눈을 이루기 때문에 봄과 여름에는 비와 이슬이 많고, 가을과 겨울에는 서리와 눈이 많으니 변화를 헤아릴 수 없는 것이 바람과 우뢰이다.

古之聖王이 畫野分地하여 建
고 지 성 왕 획 야 분 지 건

邦設都하시니 四海之內에 其國
방 설 도 사 해 지 내 기 국

이 有萬而一國之中에 各置州
유 만 이 일 국 지 중 각 치 주

郡焉하고 州郡之中에 各分鄕
군 언 주 군 지 중 각 분 향

井焉하고 爲城郭하여 以禦冠하고
정 언 위 성 곽 이 어 관

爲宮室하여 以處人하고 爲耒
위 궁 실 이 처 인 위 뢰

耟하여 敎民耕稼하고 爲釜甑하여
구 교 민 경 가 위 부 증

敎民火食하고 作舟車하여 以通
교 민 화 식 작 주 거 이 통

道路하시니라.
도 로

【풀이】 옛날의 성스러운 왕이 들판을 그어 땅을 나누어서 나라를 세우고 도읍을 베푸니, 사해안에 그 나라가 만이나 있고, 한 나라 안에는 각각 주와 군을 두고, 주와 군의 안에는 각기 향과 정을 나누고, 성곽을 만들어 도적을 막고, 궁실을 만들어 사람들을 거처하게 하고, 쟁기와 따비를 만들어 백성들에게 밭 갈고 곡식 심는 것을 가르치고, 가마

솥과 시루를 만들어서 백성들에게 불로 밥을 지어 먹는 것을 가르치고, 배와 수레를 만들어 도로를 통하게 했다.

金木水火土가 在天에 爲五星
금 목 수 화 토 재 천 위 오 성

이요 在地에 爲五行이니 金은 以
재 지 위 오 행 금 이

爲器하고 木은 以爲宮하고 穀生
위 기 목 이 위 궁 곡 생

於土하여 取水火爲飮食則凡
어 토 취 수 화 위 음 식 즉 범

人日用之物이 無非五行之
인 일 용 지 물 무 비 오 행 지

物也니라.
물 야

【풀이】 금·목·수·화·토가 하늘에 있어 오성이 되고, 땅에 있어 오행이 되니, 쇠는 그릇을 만들고 나무는 집을 짓고 곡식은 흙에서 나서 물과 불을 취하여 음식을 만드니, 무릇 사람의 일용의 물건이 이 오행으로 된 물건이 아닌 것이 없다.

五行이 固有相生之道하니 水
오 행 고 유 상 생 지 도 수

生木하고 木生火하고 火生土하고
생 목 목 생 화 화 생 토

土生金하고 金이 復生水하니 五
토 생 금 금 부 생 수 오

行之相生也는 無窮而人用이
행 지 상 생 야 무 궁 이 인 용

不竭焉이라.
불 갈 언

【풀이】 오행에는 본디 상생의 도가 있으니, 물이 나무를 낳고 나무는 불을 낳으며 불은 흙을 낳고 흙은 쇠를 낳으며, 쇠가 다시 물을 낳으니 오행의 상생은 무궁하고 사람의 사용함이 다함이 없다.

五行이 亦有相克之理하니 水
오 행 역 유 상 극 지 리 수

克火하고 火克金하고 金克木하고
극 화 화 극 금 금 극 목

木克土하고 土가 復克水하니 乃
목 극 토 토 부 극 수 내

操其相克之權하여 能用其相
조 기 상 극 지 권 　 능 용 기 상

生之物者는 是人之功也라 左
생 지 물 자 　 시 인 지 공 야 　 좌

地篇이다.
지 편

【풀이】 오행에는 또 상극의 이치가 있으니, 물이 불을 이기고, 불이 쇠를 이기며, 쇠가 나무를 이기고 나무가 흙을 이기며, 흙은 다시 물을 이기니, 곧 그 상극의 권을 잡아 능히 그 상생하는 물건을 이용할 수 있는 것은 사람들의 공로다. 이상은 지편이다.

物 篇
물 편

天地生物之數가 有萬其衆
천 지 생 물 지 수 　 유 만 기 중

而若言其動植之物則草木
이 약 언 기 동 식 지 물 즉 초 목

禽獸蟲魚之屬이 最其較著者也라.
금수충어지속 최기교저자야

【풀이】 천지가 만물을 낳는 수는 그 무리가 1만 가지나 되지만 만약 동물과 식물만을 말한다면 초목·금수·충어의 종속이 가장 비교적 뚜렷한 것들이다.

飛者는 爲禽이요 走者는 爲獸요 鱗介者는 爲蟲魚요 根植者는 爲草木이라.
비자 위금 주자 위수 인개자 위충어 근식자 위초목

【풀이】 나는 것은 새가 되고 뛰는 것은 짐승이 되고 비늘과 껍질이 있는 것은 벌레와 물고기가 되고 뿌리로 심어진 것은 초목이 된다.

飛禽은 卵翼이요 走獸는 胎乳하
비금 란익 주수 태유

니 飛禽은 巢居하고 走獸는 穴處
비금 소거 주수 혈처

하고 蟲魚之物化生者는 最多
충어지물화생자 최다

而亦多生於水濕之地라.
이역다생어수습지지

【풀이】 나는 새는 알을 낳아 날개로 덮고, 뛰는 짐승은 태로 낳아 젖을 먹이니, 나는 새는 보금자리에서 살고 뛰는 짐승은 굴에서 살며, 벌레와 물고기는 다른 물질로 변화하여 생기는 것이 가장 많은데 또한 대개가 물과 습한 땅에서 산다.

春生而秋死者는 草也요 秋則
춘생이추사자 초야 추즉

葉脫而春復榮華者는 木也라
엽탈이춘부영화자 목야

其葉이 蒼翠요 其花가 五色이니
기엽 창취 기화 오색

其根이 深者는 枝葉이 必茂하고
기근 심자 지엽 필무

其有花者는 必有實이니라.
기유화자 필유실

【풀이】 봄에 태어났다가 가을에 죽는 것이 풀이요, 가을에는 잎이 떨어졌다가 봄에는 다시 무성해지는 것이 나무다. 그 잎이 푸르고 그 꽃이 오색이니, 그 뿌리가 깊은 것은 가지와 잎이 반드시 무성하고, 그 꽃이 피는 것은 반드시 열매를 맺는다.

虎豹犀象之屬은 在於山하고
호표서상지속 재어산

牛馬鷄犬之物은 畜於家하니
우마계견지물 축어가

牛以耕墾이요 馬以乘載요 犬
우이경간 마이승재 견

以守夜요 鷄以司晨이요 犀取
이수야 계이사신 서취

其角이요 象取其牙요 虎豹는
기각 상취기아 호표

取其皮라.
취 기 피

【풀이】 호랑이 · 표범 · 물소 · 코끼리 붙이는 산에 있고, 소 · 말 · 닭 · 개의 동물은 집에서 기르니, 소는 밭을 갈고, 말은 타거나 실으며, 개는 밤을 지키고, 닭은 새벽을 맡으며, 물소는 그 뿔을 취하고 코끼리는 그 이빨을 취하며, 호랑이와 표범은 그 가죽을 취한다.

山林에 多不畜之禽獸하고 川
산림 다불축지금수 천
澤에 多無益之蟲魚故로 人以
택 다무익지충어고 인이
力殺하고 人以智取하여 或用其
역살 인이지취 혹용기
毛羽骨角하고 或供於祭祀賓
모우골각 혹공어제사빈
客飮食之間이라.
객음식지간

【풀이】 산과 숲에는 가축으로 기를 수 없는 금수가 많고, 냇물

과 연못에는 무익한 벌레와 물고기가 많으므로 사람들이 힘으로 죽이고, 사람들이 지혜로써 취하여 혹은 그것들의 털·날개·뼈·뿔 등을 이용하고, 혹은 제사·접객하는 음식으로 제공되기도 한다.

走獸之中에 有麒麟焉하고 飛
주 수 지 중 유 기 인 언 비
禽之中에 有鳳凰焉하고 蟲魚
금 지 중 유 봉 황 언 충 어
之中에 有靈龜焉하고 有飛龍
지 중 유 영 귀 언 유 비 용
焉하니 此四物者는 乃物之靈
언 차 사 물 자 내 물 지 영
異者也라 故로 或出於聖王
이 자 야 고 혹 출 어 성 왕
之世라.
지 세

【풀이】 달리는 짐승 가운데에는 기린이 있고, 나는 새 가운데에는 봉황이 있으며, 벌레와 물고기 중에는 신령스러운 거북이 있고, 나는 용이 있다. 이 네 가지 동물은 곧 만물 중

에서 영험하고 기이한 것이다. 그러므로 혹 성명한 왕의 세상에 태어난다.

稻粱黍稷은 祭祀之所以供
도량서직 제사지소이공

粢盛者也요 豆菽麰麥之穀은
자성자야 두숙모맥지곡

亦無非養人命之物故로 百
역무비양인명지물고 백

草之中에 穀植이 最重이요 犯
초지중 곡식 최중 범

想雪而不凋하고 閱四時而長
상설이부조 열사시이장

春者는 松柏也니 衆木之中에
춘자 송백야 중목지중

松柏이 最貴라.
송백 최귀

【풀이】 벼 · 조 · 기장 · 피는 제사에서 자성으로 제공되는 것이요, 팥 · 콩 · 보리 등의 곡식은 또한 인명을 기르는 물건이 아닌 것이 없으므로 온갖 풀 가운데 곡식이 가장 중하

다. 서리와 눈이 범해도 마르지 아니하고, 사시를 지내면서도 봄인 것은 소나무와 잣나무이니 모든 나무 중에서 송백이 가장 귀하다.

梨栗柿棗之果가 味非不佳也나 其香이 芬芳故로 果以橘柚로 爲珍하고 蘿蔔蔓菁諸瓜之菜는 種非不多也나 其味辛烈故로 菜以芥薑으로 爲重이라.

이율시조지과 미비부가 야 기향 분방고 과이귤 유 위진 나복만청제과 지채 종비불다야 기미신 열고 채이개강 위중

【풀이】 배·밤·감·대추 등의 과일은 맛이 아름답지 않음이 아니나, 그 향기가 꽃다운 점에서 과실은 귤과 유자로써 보배를 삼고, 무우·순무 등 모든 외의 나물은 종류가 많지 않은 것이 아니나 그 맛이 매우 매운 점에서 나물 중에 겨자와 생강을 귀중한 것으로 친다.

水陸草木之花로 可愛者가 甚
수륙초목지화 가애자 심

繁而陶淵明이 愛國하고 周濂
번이도연명 애국 주염

溪는 愛蓮하고 富貴繁華之人
계 애련 부귀번화지인

이 多愛牧丹하니 淵明은 隱者
다애목단 연명 은자

故로 人以菊花로 比之於隱
고 인이국화 비지어은

者하고 濂溪는 君子故로 人以
자 염계 군자고 인이

蓮花로 比之於君子하고 牧丹
연화 비지어군자 목단

은 花之繁華者故로 人以牧丹
화지번화자고 인이목단

으로 比之於繁華富貴人이라.
비지어번화부귀인

【풀이】 물과 뭍에 있는 초목의 꽃으로서 사랑스러운 것이 매

우 많으나, 도연명은 국화를 사랑했고, 주염계는 연꽃을 사랑했으며, 부귀하고 번화한 사람들은 대개 모란을 사랑한다. 도연명은 은자였기 때문에 사람을 국화로서 은자에 비유하고, 주염계는 군자였기 때문에 사람을 연꽃으로서 군자에 비유하며, 모란은 꽃 중에서 가장 번화한 것이기 때문에 사람은 모란으로서 그것을 부귀하고 화려한 사람에게 비유한다.

物之不齊는 乃物之情故로 以
물 지 부 제　내 물 지 정 고　이

尋丈尺寸으로 度物之長短하고
심 장 척 촌　탁 물 지 장 단

以斤兩錙銖로 稱物之輕重하
이 근 량 치 수　칭 물 지 경 중

고 以斗斛升石으로 量物之多
　이 두 곡 승 석　양 물 지 다

寡라.
과

【풀이】 물건이 고르지 아니함은, 곧 그 물건의 사정 때문이므로 심·장·척촌으로써 그 물건의 길고 짧음을 헤아리고, 근·냥·치·수로써 그 물건의 가볍고 무거움을 달며, 두

·곡·승·석으로써 그 물건의 많고 적음을 잰다.

算計萬物之數는 莫便於九九하니 所謂九九者는 九九八十一之數也라 左物篇이라.

산계만물지수 막편어구구 소위구구자 구구팔십일지수야 좌물편

【풀이】 만물의 수를 숫자로 계산함에는 구구보다 더 편한 것이 없다. 이른바 구구라 하는 것은 九九八十一의 수를 말한다. 이상은 물편이다.

倫理篇
윤리편

萬物之中에 惟人이 最靈하니 有父子之親하며 有君臣之義

만물지중 유인 최령 유부자지친 유군신지의

하며 有夫婦之別하며 有長幼之
유 부 부 지 별 유 장 유 지

序하며 有朋友之信이라.
서 유 붕 우 지 신

【풀이】 만물 가운데 오직 사람이 가장 영험하니, 부자유친하고, 군신유의하며, 부부유별하고, 장유유서하며, 붕우유신하기 때문이다.

生我者는 爲父母요 我之所
생 아 자 위 부 모 아 지 소

生이 爲子女요 父之父는 爲祖
생 위 자 녀 부 지 부 위 조

요 子之子 爲孫이요 與我同父
자 지 자 위 손 여 아 동 부

母者는 爲兄弟요 父母之兄
모 자 위 형 제 부 모 지 형

弟는 爲叔이요 兄弟之子女는
제 위 숙 형 제 지 자 녀

爲姪이요 子之妻는 爲婦요 女
위 질 자 지 처 위 부 여

之夫는 爲婿라.
지부 위서

【풀이】 나를 낳은 자는 부모가 되고, 내가 낳은 것은 자녀가 되며, 아버지의 아버지는 할아버지가 되고, 아들의 아들은 손자가 된다. 나와 함께 부모를 같이 한 자는 형제가 되고, 부모의 형제는 아저씨가 되며, 형제의 자녀는 조카가 되고, 아들의 아내는 며느리가 되며, 딸의 남편은 사위가 된다.

有夫婦然後에 有父子하니 夫婦者는 人道之始也라 故로 古之聖人이 制爲婚姻之禮하여 以重其事하니라.
유부부연후 유부자 부부자 인도지시야 고 고지성인 제위혼인지례 이중기사

【풀이】 부부가 있은 후에야 부자가 있으니, 부부는 사람의 도리의 시초다. 그러므로 옛날의 성인이 혼인하는 예를 만들어 그 일을 중하게 했다.

人非父母면 無從而生이라 且
인 비 부 모 무 종 이 생 차

人生三歲然後에 始免於父
인 생 삼 세 연 후 시 면 어 부

母之懷故로 欲盡其孝則服
모 지 회 고 욕 진 기 효 즉 복

勤至死하고 父母가 沒則致喪
근 지 사 부 모 몰 즉 치 상

三年하여 以報其生成之恩이라.
삼 년 이 보 기 생 성 지 은

【풀이】 사람은 부모가 아니면 좇아 태어날 수가 없다. 또 사람이란 세 살이 된 후에야 비로소 부모의 품을 떠나므로, 그 효도를 극진히 하고자 하면 수고로이 복종하여 죽을 때까지 하고, 부모가 돌아가면 거상을 三년간 입어 부모가 낳고 기른 은혜를 보답해야 한다.

耕於野者는 食君之土하고 立
경 어 야 자 식 군 지 토 입

於朝者는 食君之祿이니 人이
어 조 자 식 군 지 녹 인

固非父母則不生이요 亦非君
고비부모즉불생 역비군

則不食故로 臣之事君이 如
즉불식고 신지사군 여

子事父하여 唯義所在則舍命
자사부 유의소재즉사명

效忠이라.
효충

【풀이】 들에서 밭가는 자는 임금의 땅을 먹고 조정에 서 있는 자는 임금의 녹을 먹으니, 사람이 진실로 부모가 아니면 태어나지 못하고, 또 임금이 아니면 먹지를 못하므로 신하가 임금을 섬김이 자식이 어버이를 섬기는 것같이 하여, 오직 의가 있는 곳이면 생명을 버리고 충성을 본받아야 한다.

人於等輩에 尙不可相踰어든
인어등배 상불가상유

況年高於我하고 官貴於我하고
황년고어아 관귀어아

道尊於我者乎아 故로 在鄕
도존어아자호 고 재향

黨則敬其齒하고 在朝則敬其
당 즉 경 기 치 재 조 즉 경 기

爵하고 尊其道而敬其德이 是
작 존 기 도 이 경 기 덕 시

禮也라.
례 야

【풀이】 사람이 같은 동아리에서도 오히려 넘지 못하거든 하물며 나이가 나보다 많고 벼슬이 나보다 귀하며 도가 나보다 높은 사람에 대해서야? 그러므로 향당에서는 그 나이를 공경하고, 조정에서는 그 벼슬을 공경하며, 그 도를 높이고 그 덕을 공경하는 것, 이것이 예이다.

曾子曰 君子는 以文會友하고
증 자 왈 군 자 이 문 회 우

以友輔仁이라 蓋人不能無過
이 우 보 인 개 인 불 능 무 과

而朋友가 有責善之道故로 人
이 붕 우 유 책 선 지 도 고 인

之所以成就其德性者는 固
지 소 이 성 취 기 덕 성 자 고

莫大於師友之功이라 雖然이나
막 대 어 사 우 지 공 수 연

友有益友하고 亦有損友하니 取
우 유 익 우 역 유 손 우 취

友를 不可不端也라.
우 불 가 불 단 야

【풀이】 증자가 말하기를, 「군자는 글로서 벗을 모으고 벗으로서 인을 돕는다」 하였다. 대개 사람은 허물이 없지 못하여 친구가 책선의 도를 행하므로 사람이 그 덕성을 성취하는 데는 진실로 스승과 벗의 공로보다 더 큰 것이 없다. 비록 그러하나 벗에는 유익한 벗이 있고 또 해로운 벗이 있으니, 벗을 취함에 단정하게 하지 않을 수 없다.

同受父母之餘氣하여 以爲人
동 수 부 모 지 여 기 이 위 인

者는 兄弟也라 且人之方幼也
자 형 제 야 차 인 지 방 유 야

에 食則連牀하고 枕則同衾하여
식 즉 연 상 침 즉 동 금

共被父母之恩者는 亦莫如
공 피 부 모 지 은 자 역 막 여

我兄弟也라 故로 愛其父母
아 형 제 야 고 애 기 부 모

者는 亦必愛其兄弟라.
자 역 필 애 기 형 제

【풀이】 함께 부모의 남은 기운을 받아서 사람이 된 자가 형제다. 또 사람이 바야흐로 어렸을 때에 식사를 할 때는 상을 같이하고, 잘 때는 이불을 같이하여 함께 부모의 은혜를 입은 자는 또한 우리의 형제와 같은 것이다. 그러므로 그 부모를 사랑하는 자는 또한 반드시 그 형제를 사랑할 것이다.

宗族이 雖有親疎遠近之分이
종 족 수 유 친 소 원 근 지 분

나 然이나 推究基本則同是祖
연 추 구 기 본 즉 동 시 조

先之骨肉이니 苟於宗族에 不
선 지 골 육 구 어 종 족 불

相友愛則是는忘其本也라 人
상 우 애 즉 시 망 기 본 야 인

而忘本이면 家道가 漸替라.
이 망 본 가 도 점 체

【풀이】 종족에는 비록 친하게 섬기며 멀고 가까운 차이가 있으나, 그러하나 그 근본을 찾아 올라가면 조선의 골육을 함께 하고 있으니, 진실로 종족 사이에 서로 우애하지 않으면 이는 그 근본을 잊어버리는 것이다. 사람으로서 그 근본을 잊으면 가도는 점차 폐지된다.

父慈而子孝하며 兄愛而弟敬
부 자 이 자 효 형 애 이 제 경

하며 夫和而妻順하며 事君忠而
부 화 이 처 순 사 군 충 이

接人恭하며 與朋友信而撫宗
접 인 공 여 붕 우 신 이 무 종

族厚면 可謂成德君子也라.
족 후 가 위 성 덕 군 자 야

【풀이】 어버이는 사랑하고 아들은 효도하며, 형은 우애하고 아우는 공경하며, 남편은 온화하고 아내는 순종하며, 임금을 섬김에는 충성스럽고 사람을 대함에는 공손하며, 친구와 사귈때는 신용이 있고, 종족을 구휼함은 두텁게 하면 덕을 이룬 군자라고 할 수 있다.

凡人稟性이 初無不善이니 愛
범 인 품 성 초 무 불 선 애

親敬兄하며 忠君弟長之道는
친 경 형 충 군 제 장 지 도

皆已具於吾心之中이니 固不
개 이 구 어 오 심 지 중 고 불

可求之於外面而 惟在我力
가 구 지 어 외 면 이 유 재 아 력

行而不已也라.
행 이 불 이 야

【풀이】 대체로 사람의 타고난 성품이 처음에 착하지 않음이 없다. 어버이를 사랑하고 형을 공경하며, 임금에게 충성스럽고 어른에게 공손한 도가 모두 이미 내 마음 가운데 갖추어 있으니, 진실로 외면에서 구해서는 안되고, 오직 내가 힘써 행하여 그치지 않는 데 있을 뿐이다.

人非學問이면 固難知其何者
인 비 학 문 고 난 지 기 하 자

가 爲孝며 何者가 爲忠이며 何者
위 효 하 자 위 충 하 자

가 爲弟며 何者가 爲信故로 必
위제 하자 위신고 필

須讀書窮理하여 求觀於古人
수독서궁리 구관어고인

하며 體驗於吾心하여 得其一善
체험어오심 득기일선

하여 勉行之則孝弟忠信之節
면행지면효제충신지절

이 自無不合於天叙之測矣라.
자무불합어천서지측의

【풀이】 사람의 학문을 하지 않으면 진실로 그 어떤 것이 효가 되고 어떤 것이 충성이 되며, 어떤 것이 공경이 되고 어떤 것이 신용이 되는 것인지를 알기 어려우므로, 반드시 책을 읽고 이치를 궁리하여 옛사람에게서 구하여 보며, 나의 마음에서 체험하여 그 한 가지의 체험을 얻어 그것을 힘써 행하면, 효제충신의 예절이 스스로 하늘이 베푸는 법칙에 맞지 않는 일이 없다.

收斂心身이 莫切於九容이니
수렴심신 막절어구용

所謂九容者는 足容重하며 手容恭하며 目容端하며 口容止하며 聲容靜하며 頭容直하며 氣容肅하며 立容德하며 色容莊이라.
소위구용자 족용중 수용공 목용단 구용지 성용정 두용직 기용숙 입용덕 색용장

【풀이】 몸과 마음을 수렴함은 아홉 모양에서 더 간절함이 없다. 이른바 아홉 모양이란, 발의 모양은 묵직하고 손의 모양은 공손하며, 눈의 모양은 단정하고 입의 모양은 정지해 있으며, 소리의 모양은 안정하고 머리의 모양은 곧으며, 기운의 모양은 엄숙하고 서 있는 모양은 덕성스러우며, 안색의 모양은 장중해야 하는 것이다.

進學益智는 莫切於九思니 所謂九思者는 視思明하며 聽思聰하며 色思温하며 貌思恭하며
진학익지 막절어구사 소위구사자 시사명 청사총 색사온 모사공

言思忠하며 事思敬하며 疑思問하며 忿思難하며 見得思義라
언사충 사사경 의사문 분사난 견득사의

左人篇이라.
좌인편

【풀이】 학문에 나아가 지혜를 더함은 구사보다 더 간절함이 없으니, 이른바 구사란, 볼 때는 분명함을 생각하고, 듣는 데는 밝음을 생각하며, 안색은 온화함을 생각하고, 모양은 공손함을 생각하며, 말에는 충성스러움을 생각하고, 일에는 공경함을 생각하며, 의심스러우면 묻기를 생각하고, 분함에는 환란을 생각하며, 이익을 볼 때에는 의로움을 생각한다. 이상은 인편이다.

◎부 록◎

제 1 장

千 字 文
천 자 문

이 천자문(千字文)은 우리의 일상 생활 속에서 자주 쓰이는 한자를 토대로 하여 만든한문교본(漢文敎本)이다. 누구든지 쉽게 익힐 수 있으므로, 관심있는 독자에게 많은 도움이 되리라 믿는다.

天 하늘 천	宇 집 우	日 날 일	辰 별 진	寒 찰 한	秋 가을 추	閏 윤달 윤	律 법률 률(율)	雲 구름 운	露 이슬 로
地 땅 지	宙 집 주	月 달 월	宿 잘 숙	來 올 래(내)	收 거둘 수	餘 남을 여	呂 법칙 여	騰 오를 등	結 맺을 결
玄 검을 현	洪 넓을 홍	盈 찰 영	列 벌릴 렬(열)	暑 더울 서	冬 겨울 동	成 이룰 성	調 고를 조	致 이를 치	爲 할 위
黃 누루 황	荒 거칠 황	昃 기울 측	張 베풀 장	往 갈 왕	藏 감출 장	歲 해 세	陽 볕 양	雨 비 우	霜 서리 상

金 쇠금 (김)	玉 구슬 옥	劍 칼 검	珠 구슬 주	果 과실 과	菜 나물 채	海 바다 해	鱗 비늘 린	龍 용룡 (용)	鳥 새 조
生 낳을 생	出 날 출	號 이름 호	稱 일컬을 칭	珍 보배 진	重 무거울 중	鹹 짤 함	潛 잠길 잠	師 스승 사	官 벼슬 관
麗 빛날 려(여)	崑 메 곤	巨 클 거	夜 밤 야	李 오얏 리 이	芥 겨자 개	河 물 하	羽 깃 우	火 불 화	人 사람 인
水 물 수	岡 메 강	闕 집 궐	光 빛 광	柰 벗 내	薑 생강 강	淡 맑을 담	翔 날개 상	帝 임금 제	皇 임금 황

始 비로소 시	乃 이에 내	推 밀 추	有 있을 유	弔 조상 조	周 두루 주	坐 앉을 좌	垂 드리울 수	愛 사랑 애	臣 신하 신
制 제법 제	服 옷 복	位 자리 위	虞 나라 우	民 백성 민	發 필 발	朝 아침 조	拱 꼬질 공	育 기를 육	伏 엎드릴 복
文 글월 문	衣 옷 의	讓 사양할 양	陶 질그릇 도	伐 칠 벌	殷 은나라 은	問 물을 문	平 평평할 평	黎 검을 려	戎 군사 융
字 글자 자	裳 치마 상	國 나라 국	唐 당나라 당	罪 죄지을 죄	湯 끓을 탕	道 길 도	章 글장 장	首 머리 수	羌 오랑캐 강

豈 어찌 기	敢 용감할 감	毁 헐 훼	傷 상할 상
恭 공손할 공	惟 오직 유	鞠 칠 국	養 기를 양
四 넉 사	大 큰 대	五 다섯 오	常 항상 상
蓋 덮을 개	此 이 차	身 몸 신	髮 터럭 발
賴 힘입을 뢰	及 미칠 급	萬 일만 만	方 모 방
化 변할 화	被 입을 피	草 풀 초	木 나무 목
白 흰 백	駒 망아지 구	食 밥 식	場 마당 장
鳴 울 명	鳳 새 봉	在 있을 재	樹 나무 수
率 거느릴 솔	賓 손님 빈	歸 돌아갈 귀	王 임금 왕
遐 멀 하	邇 가까울 이	壹 한 일	體 몸 체

詩 글 시	讚 칭찬할 찬	羔 염소 고	羊 양 양
墨 먹 묵	悲 슬플 비	絲 실 사	染 물들일 염
器 그릇 기	欲 욕심 욕	難 어려울 난	量 헤아릴 량
信 믿을 신	使 사신 사	可 옳을 가	覆 덮을 복
靡 쓰러질 미	恃 믿을 시	己 몸 기	長 긴 장
罔 없을 망	談 이야기 담	彼 저것 피	短 짧을 단
得 얻을 득	能 능할 능	莫 말 막	忘 잊을 망
知 알 지	過 지날 과	必 반드시 필	改 고칠 개
男 사내 남	效 본받을 효	才 재주 재	良 어질 량(양)
女 여자 녀	慕 사모할 모	貞 곧을 정	烈 매울 렬

景 경치 경	行 다닐 행	維 벼리 유	賢 어질 현
剋 이길 극	念 생각 념	作 지을 작	聖 성인 성
德 큰 덕	建 세울 건	名 이름 명	立 설 립(입)
形 형상 형	端 끝 단	表 겉 표	正 바를 정
空 빌 공	谷 골 곡	傳 전할 전	聲 소리 성
虛 빌 허	堂 집 당	習 익힐 습	聽 들을 청
禍 재앙 화	因 인할 인	惡 악할 악	積 쌓을 적
福 복 복	緣 인연 연	善 착할 선	慶 경사 경
尺 자 척	璧 구슬 벽	非 아닐 비	寶 보배 보
寸 마디 촌	陰 그늘 음	是 이 시	競 다툴 경

資 재물 자	父 아버지 부	事 일 사	君 임금 군
曰 갈 왈	嚴 엄할 엄	與 더불 여	敬 공경할 경
孝 효도 효	當 마땅할 당	竭 다할 갈	力 힘 력(역)
忠 충성 충	則 법칙 측	盡 다할 진	命 목숨 명
臨 임할 임	深 깊을 심	履 밟을 리(이)	薄 얇을 박
夙 이를 숙	興 홍할 홍	溫 따뜻할 온	凊 서늘할 청
似 같을 사	蘭 난초 난	斯 이 사	馨 향기 형
如 같을 여	松 소나무 송	之 갈 지	盛 성할 성
川 내 천	流 흐를 류유	不 아닐 불	息 쉴 식
淵 못 연	澄 맑을 징	取 취할 취	映 비칠 영

容 얼굴 용	言 말씀 언	篤 두터울 독	愼 삼갈 신	榮 영화 영	籍 문서 적	學 배울 학	攝 거둘 섭	存 있을 존	去 갈 거
止 그칠 지	辭 말씀 사	初 처음 초	終 마지막 종	業 업 업	甚 심할 심	優 넉넉할 우	職 일 직	以 써 이	而 어조사 이
若 같을 약	安 편안 안	誠 정성 성	宜 마땅 의	所 바 소	無 없을 무	登 오를 등	從 좇을 종	甘 달 감	益 더할 익
思 생각 사	定 정할 정	美 예쁠 미	令 하여금 령	基 터 기	竟 마침내 경	仕 벼슬 사	政 정사 정	棠 아가위 당	詠 읊을 영

樂 풍류 악(낙)	禮 예도 례(예)	上 위 상	夫 남편 부	外 밖 외	入 들 입	諸 모두 제	猶 같을 유	孔 구멍 공	同 한가지 동
殊 다를 수	別 다를 별	和 고르 화	唱 부를 창	受 받을 수	奉 받들 봉	姑 할미 고	子 아들 자	懷 품을 회	氣 기운 기
貴 귀할 귀	尊 높을 존	下 아래 하	婦 며느리 부	傅 스승 부	母 어미 모	伯 맏 백	比 견줄 비	兄 형 형	連 연할 련연
賤 천할 천	卑 낮을 비	睦 화목할 목	隨 좇을 수	訓 가르칠 훈	儀 거동 의	叔 아저씨 숙	兒 아이 아	弟 아우 제	枝 가지 지

逐 쫓을 축	物 만물 물	意 뜻 의	移 옮길 이
守 지킬 수	眞 참 진	志 뜻 지	滿 찰 만
心 마음 심	動 움직일 동	神 귀신 신	疲 가쁨 피
性 성품 성	靜 고요 정	情 뜻 정	逸 빼낼 일
顚 기울 전	沛 자빠질 패	匪 비적 비	虧 이즈질 휴
節 마디 절	義 옳을 의	廉 청렴 염	退 물러갈 퇴
造 지을 조	次 버금 차	弗 말 불	離 헤어질 이
仁 어질 인	慈 인자할 자	隱 숨을 은	惻 슬플 측
切 끊을 절	磨 갈 마	箴 경계 잠	規 법 규
交 사귈 교	友 벗 우	投 던질 투	分 나눌 분

畵 그림 화	綵 채색 채	仙 신선 선	靈 신령 령 영
圖 그림 도	寫 베낄 사	禽 새 금	獸 짐승 수
樓 다락 루 누	觀 볼 관	飛 날 비	驚 놀랄 경
宮 집 궁	殿 대궐 전	盤 서릴 반	鬱 답답 울
浮 뜰 부	渭 위수 위	據 웅거할 거	涇 경수 경
背 등 배	邙 터 망	面 낯 면	洛 떠러질 락
東 동녘 동	西 서녘 서	二 두 이	京 서울 경
都 도읍 도	邑 고을 읍	華 빛날 화	夏 여름 화
好 좋을 호	爵 벼슬 작	自 스스로 자	縻 얽을 미
堅 굳을 견	持 가질 지	雅 아담할 아	操 잡을 조

亦 또 역	聚 거들 취	群 무리 군	英 꽃부리 영
旣 이미 기	集 모을 집	墳 무덤 분	典 법 전
左 왼 좌	達 통달할 달	承 이을 승	明 밝을 명
右 오를 우	通 통할 통	廣 넓을 광	內 안 내
弁 고깔 변	轉 구를 전	疑 의심할 의	星 별 성
陞 오를 승	階 섬돌 계	納 바칠 납	陛 섬돌 폐
鼓 북 고	瑟 비파 슬	吹 불 취	笙 저 생
肆 베풀 사	筵 자리 연	設 베풀 설	席 자리 석
甲 갑옷 갑	帳 장막 장	對 대답 대	楹 기둥 영
丙 남녘 병	舍 집 사	傍 곁 방	啓 열 계

車 수레 차	駕 멍에 가	肥 살찔 비	輕 가벼울 경
世 인간 세	祿 벼슬 록	侈 사치할 치	富 부자 부
驅 몰 구	轂 바퀴 곡	振 떨칠 진	纓 끈 영
高 높을 고	冠 갓 관	陪 모실 배	輦 채련 련(연)
家 집 가	給 줄 급	千 일천 천	兵 병사 병
戶 집 호	封 봉할 봉	八 여덟 팔	縣 골 현
路 길 로(노)	俠 협기 협	槐 괴화 괴	卿 벼슬 경
府 마을 부	羅 비단 라(나)	將 장수 장	相 서로 상
漆 칠 칠	書 글 서	壁 벽 벽	經 경서 경
杜 막을 두	藁 짚 고	鍾 종 종	隸 글시 예

說 말씀 설 感 느낄 감 武 호반 무 丁 고무래 정

綺 비단 기 回 돌아올 회 漢 한수 한 惠 은혜 혜

濟 건늘 제 弱 약할 약 扶 부뜰 부 傾 기울 경

桓 굳셀 환 公 공평할 공 匡 바를 광 合 모을 합

微 작을 미 旦 이를 조 孰 누구 숙 營 경영할 영

奄 문득 엄 宅 집 택(댁) 曲 굽을 곡 阜 언덕 부

佐 도울 좌 時 때 시 阿 언덕 아 衡 저울 형

磻 돌 반 溪 시내 계 伊 저 이 尹 맞 윤

勒 자갈 륵 碑 비석 비 刻 새길 각 銘 새길 명

策 꾀 책 功 공 공 茂 무성할 무 實 열매 실

用 쓸 용 軍 군사 군 最 가장 최 精 정할 정

起 일어 날 기 翦 갈길 전 頗 자못 파 牧 칠 목

韓 나라 한 弊 헤질 폐 煩 번거러울 번 刑 형벌 형

何 어찌 하 遵 쫓을 준 約 약속할 약 法 법 법

踐 밟을 천 土 흙 토 會 모을 회 盟 맹세 맹

假 거짓 가 途 길 도 滅 멸할 멸 虢 나라 괵

趙 나라 조 魏 나라 위 困 곤할 곤 橫 비낄 횡

晉 나라 진 楚 나라 초 更 다시 갱 覇 으뜸 패

多 많을 다 士 선비 사 寔 이 식 寧 평안 영녕

俊 준걸 준 乂 재주 예 密 빽빽할 밀 勿 말 물

宣 베풀 선	威 위엄 위	沙 모래 사	漠 이득할 막
馳 달릴 치	譽 칭찬할 예	丹 붉을 단	靑 푸를 청
九 아홉 구	州 고을 주	禹 임금 우	跡 자취 적
百 일백 백	郡 고을 군	秦 나라 진	並 아오를 병
嶽 산마루 악	宗 근본 종	恒 항상 항	垈 메 대
禪 터닦을 선	主 임금 주	云 이를 운	亭 정자 정
雁 기러기 안	門 문 문	紫 검붉을 자	塞 막을 색
鷄 닭 계	田 밭 전	赤 붉을 적	城 재 성
昆 맏 곤	池 못 지	碣 돌 갈	石 돌 석
鉅 톱 거	野 들 야	洞 고을 동	庭 뜰 정

曠 빌 광	遠 멀 원	緜 솜 면	邈 멀 막
巖 바위 암	豈 메뿌리 수	杳 아득할 묘	冥 어두울 명
治 다스릴 치	本 근본 본	於 늘 어	農 농사 농
務 힘쓸 무	玆 이 자	稼 심을 가	穡 거들 색
俶 비로소 숙	載 실을 재	南 남녘 남	畝 이랑 묘
我 나 아	藝 재주 예	黍 기장 서	稷 피 직
稅 구실 세	熟 익힐 숙	貢 바칠 공	新 새 신
勸 권할 권	賞 상줄 상	黜 내칠 출	陟 오를 척
孟 맏 맹	軻 수레 가	敦 두터울 돈	素 본디 소
史 사기 사	魚 물고기 어	秉 잡을 병	直 곧을 직

林 수풀 림(임) 皐 언덕 고 幸 다행 행 卽 곧 즉

殆 거의 태 辱 욕할 욕 近 가까울 근 恥 부끄럴 치

寵 고일 총 增 더할 증 抗 겨룰 항 極 극진할 극

省 살필 성 躬 몸 궁 譏 기롱 기 誡 경계 계

勉 힘쓸 면 其 그 기 祗 공경 지 植 심을 식

貽 끼칠 이 厥 그 궐 嘉 아름다울 가 猷 꾀 유

鑑 거울 감 貌 모양 모 辨 분변할 변 色 빛 색

聆 드를 영 音 소리 음 察 살필 찰 理 다스릴 리

勞 수고할 노 謙 겸손 겸 謹 삼갈 근 勅 칙서 칙

庶 뭇 서 幾 몇 기 中 가운데 중 庸 떳떳 용

園 동산 원 莽 풀 망 抽 뺄 추 條 가지 조

渠 개천 거 荷 집 하 的 맞을 적 歷 지낼 력(역)

慼 슬플 척 謝 사례 사 歡 기쁠 환 招 부를 초

欣 기쁠 흔 奏 아뢸 주 累 여러 루(누) 遣 보낼 견

散 흩을 산 慮 생각 여(려) 逍 노닐 소 遙 노닐 요

求 구할 구 古 옛 고 尋 찾을 심 論 논할 론(논)

沈 잠길 침(심) 默 잠잠 묵 寂 고요 적 寥 고요 요

索 찾을 색 居 살 거 閒 한가 한 處 곳 처

解 풀 해 組 짤 조 誰 누구 수 逼 가까울 핍

兩 두 량 疏 글 소 見 볼 견 機 틀 기

枇 나무 비	梧 노름 오	陳 묵을 진	落 떨어질 락	遊 놀 유	凌 오를 능	耽 즐길 탐	寓 붙일 우	易 쉬울 역(이)	屬 붙일 속
杷 나무 파	桐 오동 동	根 뿌리 근	葉 잎사귀 엽	鯤 고기 곤	摩 만질 마	讀 읽을 독	目 눈 목	輶 가벼울 유	耳 귀 이
晩 늦을 만	早 이를 조	委 맡길 위	飄 날릴 표	獨 홀로 독	絳 붉을 강	玩 구경 완	囊 주머니 낭	攸 바 유	垣 담 원
翠 푸를 취	凋 마를 조	翳 가릴 예	颻 날릴 요	運 운전 운	霄 하늘 소	市 저자 시	箱 상자 상	畏 두려울 외	墻 담 장

具 갖출 구	適 갈 적	飽 배부를 포	飢 주릴 기	親 어버이 친	老 늙을 로 노	妾 첩 첩	侍 모실 시	紈 깁 환	銀 은 은
膳 반찬 선	口 입 구	飫 싫을 어	厭 싫을 염	戚 겨레 척	少 젊을 소	御 모실 어	巾 수건 건	扇 부채 선	燭 촛불 촉
飧 밥 손	充 채울 충	烹 삶을 팽	糟 재강 조	故 연고 고	異 다를 이	績 길쌈 적	帷 장막 유	圓 둥글 원	煒 빛날 위
飯 밥 반	腸 창자 장	宰 재상 재	糠 겨 강	舊 옛 구	糧 양식 량(양)	紡 길쌈 방	房 방 방	潔 청결할 결	煌 빛날 황

晝 낮 주	藍 쪽람(남)	絃 줄 현	接 이을 접	矯 들 교	悅 기쁠 열	嫡 맏 적	祭 제사 제	稽 조올 계	悚 두려울 송
眠 잘 면	筍 대순 순	歌 노래 가	杯 잔 배	手 손 수	豫 미리 예	後 뒤 후	祀 제사 사	顙 이마 상	懼 두려울 구
夕 저녁 석	象 코끼리 상	酒 술 주	擧 들 거	頓 두드릴 돈	且 또 차	嗣 이을 사	蒸 훈증할 증	再 둘 재	恐 두려울 공
寐 잘 매	床 상 상	讌 잔치 연	觴 잔 상	足 발 족	康 편안 강	續 이을 속	嘗 맛볼 상	拜 절 배	惶 두려울 황

牋 편지 전	顧 돌아볼 고	骸 뼈 해	執 잡을 집	驢 나귀 여	駭 놀랄 해	誅 벨 주	捕 잡을 포	布 베 포	嵇 메 혜
牒 편지 첩	答 대답 답	垢 때 구	熱 뜨거울 열	騾 노새 나	躍 뛸 약	斬 벨 참	獲 얻을 획	射 쏠 사	琴 거문고 금
簡 편지 간	審 살필 심	想 생각할 상	願 원할 원	犢 송아지 독	超 뛸 초	賊 도둑 적	叛 배반할 반	遼 멀 료(요)	阮 성 완
要 구할 요	詳 자세할 상	浴 목욕할 욕	涼 서늘할 량	特 특별 특	驤 달릴 량 양	盜 도둑 도	亡 망할 망	丸 탄자 환	嘯 회파람 소

恬 편안 념(염)　筆 붓 필　倫 인륜 륜(윤)　紙 종이 지
鈞 무거울 균　巧 공교 교　任 마껄 임　釣 낚시 조
釋 놓을 석　紛 어지러울 분　利 이할 리(이)　俗 풍속 속
竝 아우를 병　皆 다 개　佳 아름다울 가　妙 묘할 묘
毛 터럭 모　施 베풀 시　淑 맑을 숙　姿 모양 자
工 장인 공　嚬 찡그릴 빈　姸 고울 연　笑 웃음 소
年 해 년(연)　矢 살 시　每 매양 매　催 재촉 최
羲 복희 희　暉 빛날 휘　朗 밝을 랑낭　曜 빛날 요
璇 구슬 선　璣 구슬 기　懸 달 현　斡 돌 알
晦 그믐 회　魄 넋 백　環 고리 환　照 비칠 조

指 가리킬 지　薪 나무 신　修 닦을 수　祐 복 우
永 길 영　綏 편안 유　吉 길할 길　劭 높을 소
矩 법 구　步 거름 보　引 당길 인　領 거느릴 령
俯 굽으릴 부　仰 우럴 앙　廊 행랑 랑　廟 사당 묘
束 묶을 속　帶 띠 대　矜 자랑 긍　莊 씩씩할 장
徘 배회 배　徊 배회 회　瞻 볼 첨　眺 볼 조
孤 외로울 고　陋 더러울 루　寡 적을 과　聞 들을 문
愚 어리석을 우　蒙 어릴 몽　等 무리 등　誚 꾸짖을 초
謂 이를 위　語 말씀 어　助 도울 조　者 놈 자
焉 이끼 언　哉 이끼 재　乎 온 호　也 이끼 야

제2장

주요 한자의 약자 및 속자

이 장(章)에서는 주로 혼동하기 쉬운 한자의 약자(略字)나 속자(俗字)를 가려뽑아 실었다. 익혀 두면 일상 생활속에서 크게 도움이 될 것이다.

價	假	覺	監	據	擧
価	仮	覚	监	拠	挙
값 가	거짓가	깨달을각	볼 감	웅거할거	들거
劍	擊	堅	輕	經	繼
剣	軎	坚	軽	経	継
칼검	칠 격	굳을견	가려울경	경서경	이을계
觀	關	廣	鑛	區	舊
観	関	広	鉱	区	旧
볼관	닫을관	넓을광	쇠덩이광	나눌구	옛 구
國	權	勸	歸	劇	氣
国	权	勧	敀	剧	気
나라국	권세권	권할권	도라올귀	심할극	기운기
緊	單	團	斷	擔	當
紧	単	団	断	担	当
긴할긴	홋 단	둥글단	끊을단	멜 담	마땅당
黨	對	臺	稻	獨	讀
党	対	台	稲	独	読
무리당	대할대	집대	벼 도	홀로독	읽을독
同	燈	樂	亂	覽	兩
仝	灯	楽	乱	覧	両
한가지동	등불등	즐길락	어지러울난	볼 람	두양량

麗 麗 고울려	勵 励 힘쓸려	聯 聠 이을연	戀 恋 그리울연	靈 灵 신령령	禮 礼 예도례
爐 炉 화로로	勞 労 수고로울로	龍 竜 용 용	離 ⿰文隹 떠날리	萬 万 일만만	灣 湾 물구비만
滿 満 찰 만	賣 売 팔 매	麥 麦 보리맥	發 発 필 발	變 変 변할변	邊 辺 갓 변
辯 弁 말씀변	寶 宝 보배보	拂 払 털 불	佛 仏 부처불	師 师 스승사	絲 糸 실 사
寫 写 쓸 사	辭 辞 말씀사	狀 状 형상상 문서장	雙 双 두 쌍	釋 釈 풀 석	選 迸 고를선
聲 声 소리성	續 続 이을속	屬 属 붙을속	數 数 셈 수	收 収 거둘수	壽 寿 목숨수
濕 湿 젖을습	實 実 열매실	兒 児 아이아	亞 亜 버금아	惡 悪 악할악	壓 圧 누를압

藥 薬 약 약	嚴 严 엄할엄	餘 余 남을여	與 与 더불여	驛 駅 역마역	譯 訳 통역할역
鹽 塩 소금염	營 営 집 영	豫 予 미리예	藝 芸 재주예	譽 誉 명예예	圓 円 둥글원
圍 囲 두를위	應 応 응할응	醫 医 의원의	議 議 의논할의	貳 弐 두 이	壹 壱 한 일
殘 残 남을잔	蠶 蚕 누에잠	將 将 장수장	裝 装 갖출장	壯 壮 장사장	奬 奨 권할장
戰 戦 싸움 전	傳 伝 전할전	錢 銭 돈 전	轉 転 구를전	濟 済 건늘제	齊 斉 다스릴제
劑 剤 약 제	晝 昼 낮 주	證 証 증거증	贊 賛 도울찬	讚 讃 칭찬할찬	參 参 참여할참
慘 惨 슬플참	冊 册 책 책	處 処 곳 처	賤 賎 천할천	淺 浅 얕을천	鐵 鉄 무쇠철

廳 庁 마루청	體 体 몸 체	總 総 모다총	蟲 虫 벌레충	齒 歯 이 치	稱 称 일컬을칭
彈 弾 탄 탄	擇 択 가릴택	鬪 闘 싸울투	廢 廃 폐할폐	品 品 품수품	豐 豊 풍년풍
學 学 배울학	艦 艦 배함	解 觧 풀 해	虛 虚 거짓허	險 険 위험할험	驗 験 시험할험
賢 賢 어질현	號 号 이름호	畫 画 그림화	擴 拡 넓힐확	歡 歓 즐길환	會 会 모을회
劃 劃 그을획	興 兴 흥할흥				

三 綱(삼강)

父爲子綱(부위자강)아들은 아버지를 섬기는 근본이고,
君爲臣綱(군위신강)신하는 임금을 섬기는 근본이고,
夫爲婦綱(부위부강)아내는 남편을 섬기는 근본이다.

五 倫(오륜)

父子有親 (부자유친) 아버지와 아들은 친함이 있어야 하며,
君臣有義 (군신유의) 임금과 신하는 의가 있어야 하고,
夫婦有別 (부부유별) 남편과 아내는 분별이 있어야 하며,
長幼有序 (장유유서) 어른과 어린이는 차례가 있어야 하고,
朋友有信 (붕우유신) 벗과 벗은 믿음이 있어야 한다.

朱子十悔(주자십회)

不孝父母死後悔 불 효 부 모 사 후 회	부모에게 효도하지 않으면 죽은 뒤에 뉘우친다.
不親家族疎後悔 불 친 가 족 소 후 회	가족에게 친절치 않으면 멀어진 뒤에 뉘우친다.
少不勤學老後悔 소 불 근 학 노 후 회	젊을 때 부지런히 배우지 않으면 늙어서 뉘우친다.
安不思難敗後悔 안 불 사 난 패 후 회	편할 때 어려움을 생각지 않으면 실패한 뒤에 뉘우친다.
富不儉用貧後悔 부 불 검 용 빈 후 회	편할 때 아껴쓰지 않으면 가난한 후에 뉘우친다.
春不耕種秋後悔 춘 불 경 종 추 후 회	봄에 종자를 갈지 않으면 가을에 뉘우친다.
不治垣墻盜後悔 불 치 원 장 도 후 회	담장을 고치지 않으면 도적맞은 후에 뉘우친다.
色不謹愼病後悔 색 불 근 신 병 후 회	여색을 삼가지 않으면 병든 후에 뉘우친다.
醉中妄言醒後悔 취 중 망 언 성 후 회	술취할 때 망언된 말은 술깬 뒤에 뉘우친다.
不接賓客去後悔 불 접 빈 객 거 후 회	손님을 접대하지 않으면 간 뒤에 뉘우친다.

제 3 장

의식절차(儀式節次)에 관한 상식

이 장(章)에서는 생활인으로서 꼭 알아두어야 할 기본 상식 중 특히 의식절차에 관한 것을 수록하였다. 알아두면 생활에 도움이 될 것이다.

◈ 의식절차에 관한 상식

기 제 사 (忌 祭)

1. 제사자는 세수 등 몸을 깨끗이 하고 용의를 단정히 하여 제사에 임하여야 한다.

2. 제사 지내는 시간은 사망일 자시 (子時)에 행한다. (밤 12시~1시 사이)

3. 제사 절차

1) 제사자들은 참석하여 경건한 마음을 갖는다.

2) 신위봉안 (神位奉安) : 지방 (紙榜)을 벽 또는 병풍에 붙인다.

3) 진설 (陳設) : 제수를 과일부터 차례로 놓는다.

4) 강신 (降神) : 제주는 분향하고 모사에 술을 세 번 따르고 재배한다.

5) 참신 (參神) : 참사자는 일제히 재배한다.

6) 헌작 (獻酌) : 헌작은 단작 (單酌)을 원칙으로 하나 삼헌 (三獻)이 통례 (通例)로 되어있다. 제주 (祭主)가 술잔을 올린다.(初獻)

7) 독축 (讀祝) : 제사자는 일제히 부복하고 축관이 제주 왼 편에서 축문을 정중하게 읽는다. 독축이 끝나면 제사자는 일제히 일어나고 제주는 재배한다. 퇴주한다.

아헌 (亞獻) : 두 번째로 술잔을 올린다. 재배한다. 퇴주한다.

삼헌 (三獻) : 세 번째로 술잔을 올린다. 재배한다.

첨작 (添酌) : 제주가 술잔을 올려 세 번 따른다.

8) 삽시 (揷匙) : 메 (밥)에 숟갈을 꽂는다.(술을 드시고 식사를 뜻함)

9) 합문 (闔門) : 제사자는 방문을 닫고 일제히 대청마루에 나와 숙연히 묵념한다. 합문을 하지 않고 그 자리에서 묵념하여도 결례는아니다.

10) 헌다 (獻茶) : 국을 숭늉으로 바꾸고 메 (밥)를 숟갈로 세번 떠서 말은 다음, 제사자는 일제히 부복하여 조상의 위덕을 흠모한다. 철시저한다.

11) 사신 (辭神) : 참사자는 일제히 재배한다.

12) 신위봉환 (神位奉還) : 지방과 축문을 불사른다.

13) 음복 (飮福) : 제수 (祭羞)를 제상 (祭床)에서 내려 제사자들이 생전의 위업을 기리며 약간의 술과 다과를 든다.

지 방(紙榜)

1. 지방은 백지(白紙)로 만든 신주(神主)이다.
2. 지방은 붓으로 정성들여 정자(正字)로 쓴다.

〔조부모 기제사〕

顯祖妣孺人○○○氏神位
顯祖考學生府君神位

〔부모 기제사〕

顯妣孺人○○○氏神位
顯考學生府君神位

〔아내의 기제사〕

亡室孺人○○○氏神位

〔※ 한글식 지방(예시)〕

할머님 ○○○씨 신위
할아버님 신위

어머님 ○○○씨 신위
아버님 신위

망실 ○○○씨 신위

※ 위의 경우는 관직이 없을 때이다. '○○○씨(氏)'는 본관(本貫)과 성(姓)을 쓴다. 조부모는 顯祖考, 顯祖妣, 부모는 顯考, 顯妣, 증조부모는 顯曾祖考, 顯曾祖妣, 고조부모는 顯高祖考, 顯高祖妣로 쓰고 관직(官職)이 있을 경우에는 學生을 쓰지않고 관직명을 쓴다.

축 문(祝 文)

부모 기제사(忌祭)에 쓰는 축문.

維 歲次 ○1)○ ○月 ○2)○朔 ○3)○日 孝子 ○4)○

敢8) 昭告于

顯5) 考學6)生 府君

顯妣孺人 ○7)○○氏 歲序遷易 諱日復臨

追遠感時 昊10)天罔極 9) 謹以 清酌庶羞 供伸奠獻 尙

饗

년 월 일

아들(손자) ○○는

아버님(할아버님) 신위전에 삼가 고

하나이다。

아버님(할아버님)께서 별세하시던 날

을 당하오니

추모의 정을 금할 수 없읍니다。

이제 간소한 제수를 드리오니 강림하

시와 흠향하시옵소서。

①태세(太歲): 해의 간지(干支) 〔예; 甲子〕. 월건(月建): 달의 간지(干支) 〔예; 十月〕. ② 날의 간지(干支) 〔예; 丙寅朔〕. ③ 날〔예; 十五日〕. ④ 부모 초상일 경우 고자(孤子). 부모 기제사일 경우 효자(孝子). 할아버지일 경우 고손(孤孫). 할머니일 경우 애손(哀孫). 조부모가 모두 돌아가셨을 경우 고애손(孤哀孫). 부모가 모두 돌아가셨을 경우 고애자(孤哀子). ⑤ 지방 쓸 때와 같음. ⑥ 지방 쓸 때와 같음(學生). ⑦ 지방 쓸 때와 같음. ⑧ 아내에게는 감(敢)자를 쓰지 않음. ⑨ 아내와 아우 이하는 자이(玆以) ⑩ 증조부모 이상은 불승감모(不勝感慕). 남편은 불승감창(不勝敢愴). 아내와 아우 이하는 부자승감(不自勝感). ※ 참고문헌: 日新閣에서 펴낸 「韓國人의 族譜」

제 수(祭 羞)

제수는 각 가정의 형편에 따라 차리는 게 다르며, 가급적이면 간소한 밥상 음식을 쓰도록 해야 할 것이다. 제수를 차려놓는 위치도 격식(진설)이 있으나 자연스럽게 진설하는 것도 무방하다. 제사를 지내는 사람의 위치에서 오른 쪽을 동(東), 왼 쪽을 서(西)라 하며 서쪽이 기준이라 할 수 있다.

① 좌포우혜(左浦右醢) : 포는 왼 쪽, 식혜는 오른 쪽에. ② 어동육서(魚東肉西) : 어물은 동쪽, 육류는 서쪽에. ③ 서두동미(西頭東尾) : 생선 머리는 서쪽, 꼬리는 동쪽에. ④ 홍동백서(紅東白西) : 과일이나 다과 등의 붉은 것은 동쪽, 흰 것은 서쪽에 놓는다.

栗谷 先生 擊蒙要訣 陳設圖

신위
(지방)

수저	메		잔	국	초
면	육		적	어	떡
	탕		탕	탕	
좌반	포	나물	간장	김치	젓갈
대추	밤		곶감	은행	배

퇴주
그릇
술잔
술잔

모사 향로 향합

약 혼 서 식

약 혼 서

구 분	남	여
본 적		
주 소		
성 명		
생 년 월 일	년 월 일 시	년 월 일 시 생
주민등록번호		
호 주 의 주 소 성 명		

위 두 사람은 다음과 같이 혼인할 것을 약속함.

1. 결혼 예정일 년 월 일 시
2. 기타 조건

년 월 일

남 ㊞

여 ㊞

입 회 인

남자측 주 소

성 명 ㊞

여자측 주 소

성 명 ㊞

※ 호적등본 1부 건강진단서 1부

※ 민법 제 808조의 규정에 의한 동의를 요하는 경우에는 입회인은그 동의권자로 한다.

明心寶鑑

2022년 12월 25일 재판
2022년 12월 30일 발행

編　者 | 李　青　林
펴낸이 | 최　원　준

펴낸곳 | 태 을 출 판 사
서울특별시 중구 다산로 38길 59(동아빌딩내)
등　록 | 1973. 1. 10(제1-10호)

■ 주문 및 연락처
우편번호 04584
서울특별시 중구 다산로 38길 59(동아빌딩내)
전화 : (02)2237-5577 팩스 : (02)2233-6166

ISBN 978-89-493-0505-9 03000